东盟国家财经素养教育丛书

韦春北◎主　编
刘红宇◎副主编

SINGAPORE

新加坡财经素养教育

王　彤 主编

中国财经出版传媒集团
中国财政经济出版社

图书在版编目（CIP）数据

新加坡财经素养教育／王彤主编．—北京：中国财政经济出版社，2019.5

（东盟国家财经素养教育丛书）

ISBN 978－7－5095－8962－5

Ⅰ．①新…　Ⅱ．①王…　Ⅲ．①财政经济－素质教育－新加坡　Ⅳ．①F813.39－4

中国版本图书馆 CIP 数据核字（2019）第 074025 号

责任编辑：张怡然　　　　责任校对：李　丽

版式设计：丁丁图文　　　　责任印制：张　健

中国财政经济出版社出版

URL：http://www.cfeph.cn

E－mail：cfeph@cfeph.cn

社址：北京市海淀区阜成路甲 28 号　邮政编码：100142

营销中心电话：010－88191537

北京中兴印刷有限公司印刷　各地新华书店经销

880×1230 毫米　32 开　6.75 印张　111 000 字

2019 年 5 月第 1 版　2019 年 5 月北京第 1 次印刷

定价：35.00 元

ISBN 978－7－5095－8962－5

（图书出现印装问题，本社负责调换）

本社质量投诉电话：010－88190744

打击盗版举报热线：010－88191661　QQ：2242791300

新加坡财经素养教育
编委会

主　　编：王　彤

参编人员：黄　毓　米胤嘉

绘　　图：梁雪儿

本书系国家社科基金2013年青年项目“促进2012—2020年城乡居民收入翻番的教育投入机制研究”（13CJY112）的阶段研究成果之一。

教育部人文社会科学规划基金项目“‘一带一路’背景下中国—东盟高等教育合作运行机制和绩效评价研究”（17YJA880080）的成果之一。

全国教育科学规划单位资助教育部规划课题“高等教育精准扶贫政策范式研究：基于贫困大学生扶志扶智效果评估数据”（FIB180531）的成果之一。

序

经济全球化背景下，财经素养已经成为各国公民综合素养的重要组成部分，也成为衡量一个国家经济软实力的重要标尺。在当今时代，财经素养水平不仅关系着公民个人及其家庭的财务健康与生活质量，更关系着国家经济的安全与发展，甚至关系着全球金融的稳定。

在全球五十多个国家和地区已经将财经素养教育提升为国家战略的时候，我国财经素养教育及其研究刚刚起步。中国财经素养教育协同创新中心 2018 年 1 月组织研制并发布的《中国财经素养教育标准框架》使我国财经素养教育研究跨出了重要一步；《东盟国家财经素养教育丛书》的编写出版，是深化我国财经素养教育研究的重要一步。

就财经素养教育的国际比较而言，我们对东盟国家财经素养教育的关注还远远不够。但是，随着新时期我国与东盟国家的联系越来越密切，国家之间的贸易往来更加顺畅，民众之间的经济交流也更加频繁，东盟国家以及我国公民的财经素养及其教育被提到了更高的关注度上。我国公民在提高自身财经素养的同时，也要了解东盟国家公民的财经素养状况，以有效推进双方加深了解、加强交流、扩大贸易往来。为此，财经素养教育的重要性更加凸显，财经素养教育的国别研究也迫在眉睫。

中国财经素养教育协同创新中心广西分中心策划与组织编撰的这套《东盟国家财经素养教育丛书》，有针对性地介绍东盟不同国家的财经素养教育相关情况，无疑弥补了财经素养教育国别研究的不足。该丛书通过聚焦东盟国家，着力于东盟各国财经素养教育内容的汇编，分类细化进行财经素养及其教育的介绍，以帮助读者了解东盟国家所关注的财经素养内容以及这些国家公民的财经素养水平状况。同时，读者也可从中用一种代入体验去感受自身的财经素养水平。该套丛书具有很好的可读性。

该套丛书只是财经素养教育国别研究的一个方面、一种探索，但却为我们打开了财经素养教育国际开放研究的视野，将对我国财经素养教育的发展提供参考，尤其是在推动我国财经素养教育实践方面具有很好的借鉴价值。

是为序。

中国教育科学研究院高等教育研究所所长、教授

中国财经素养教育协同创新中心主任

张男星

第三部分　财经素养水平测试

FOREWORD

前言

随着经济、金融的迅速发展，公民的经济参与度不断提高，最为显著的特征是金融、理财、投资已经走进千家万户，成为普通百姓参与经济生活的一种重要方式。金融行业每天提供大量的、多样化的金融产品供民众选择，民众则需要依赖相关的信息、知识、技能与技巧，根据自身的需求选择合适的产品。相关知识与技能的匮乏，使我国民众提升自身财经素养的需求不断增长，同时也推动着财经素养教育的发展。

近年来东盟国家与我国的联系越来越密切，双边贸易往来逐渐增多。加深对东盟国家的了解，引起了我国民众的兴趣。东盟国家公民的财经素养教育情况，不仅是了解东盟国家的一个窗口，也是提高自身财经素养水平的一个途径。正是基于这样的考虑，中国财经素养教育协同创新中心广西分中心编写了《东盟国家财经素养教育丛书》，本套丛书以介绍东盟国家财经素养教育的背景、政策、教育框架与内容为主，旨在较为全面地向读者呈现东盟国家财经素养教育发展情况，期望读者能够从中受益。

本书内容来源于新加坡政府财经素养教育资源平台——moneysense 网站和新加坡理财通识学院网站，是新加坡面向全体国民的财经素养教育内容。这些平台向新加坡人普及财经素养方面的基础知识以及如何处理财务问题。

想要了解更多内容，请登录 moneysense 的官方网站 https：//www.moneysense.gov.sg/ 学习。

第一部分

新加坡财经素养教育概况

第1章

新加坡推行财经素养教育的背景

新加坡共和国是东南亚的一个岛国，位于马来半岛南端，别称为“狮城”，被誉为“花园城市”，更被评价为亚洲最适合居住的国家。“一城即一国”是新加坡的写照，新加坡国土面积不大，自然资源贫乏，但这丝毫没有影响新加坡经济的发展。自1965年成立以来，新加坡采用政府主导型经济发展模式，政府直接参与市场的形成与运作，并巧妙地将政府宏观调控与自由经济结合起来，使新加坡的人力及资本在短时间内得到迅速的积累，资源配置效率和技术水平迅速提高，保持着经济高速发展态势，创造着经济奇迹。新加坡有着“亚洲四小龙”的美誉，是东南亚最发达的国家。从全球的角度来说，新加坡也占据着重要的地位，根据全球金融中心指数（GFCI）排名报告，2014 年新加坡是继纽约、伦敦之后的第三大国际金融中心，2018 年位列第四，是亚洲重要的服务和航运中心之一。

1997 年亚洲爆发金融风暴，东南亚国家经济受到重创，新加坡虽然经济基础扎实、外汇储备充足、国际收支良好，将金融风暴的冲击力减到最低，但受到邻国严重经济倒退的影响，新加坡也陷入经济困境中。新加坡国内经济结构性矛盾升级，国内外投资持续低迷，失业率增加，1998 年新加坡经济增长率仅为 0.1%，全国失业率高达 4%。经济困境对新加坡国民的工作和生活造成很大的影响，一直生活安定优越的新加坡国民，突然面临生活巨变和经济困局，人人情绪低落、缺乏斗争意志，尤其是没有经历过经济困难、生活艰苦的年轻一代，更是缺乏应对经济困难的理性和毅力，对国内经济形势和经济前景缺乏信心。高储蓄是新加坡经济长期高速增长的动力之一，但年轻一代受到西方文化影响，与上一辈人相比，不仅工作观和社会态度发生较大变化，而且更讲究享受，追求高消费，不愿意储蓄，这使新加坡储蓄下降。2000 年新加坡总储蓄占 GDP 比重为 49.5%，到 2001 年这一数据下降到 46%。①

① 曹云华、朱幼恩：《跨越分水岭——新加坡是如何建设国家创新体系和提高创新能力的》，《科技管理研究》2005 年第 7 期，第 20~23 页。

正是在这样的背景下，新加坡的财经素养教育改革开始兴起。财经素养教育改革不是单纯对市场上既有理财项目及相关理念的宣传，而是对具有财经素养教育纲领性思想的宣传，财经素养教育改革不仅为新加坡当前的金融形势描绘蓝图，而且帮助具备一定投资意愿和投资敏锐性的公民对金融市场做出更为理性的判断和投资决策。

第2章

新加坡财经素养教育体系

在新加坡政府的推动下，新加坡财经素养教育呈现为政府、社会、学校三方力量齐头并进的局面，其工作各有侧重，建立了多层次、多渠道的财经素养教育体系，为全体国民提供财经素养知识和教育，共同促进新加坡公民财经素养水平的提高和财经素养教育的发展。

一、新加坡政府的财经素养教育计划

新加坡政府制定的财经素养教育计划以实用性为特征，这是因为新加坡政府强调教育的增值效益，即教育必须提高个人的生产力和促进国家经济发展。新加坡前总理李光耀曾言："我们必须教育、培养我们年轻的一代，使他们利用自己的脑筋，利用科学和工艺的学识和技术，来打算和想出我们国家和他们自己的实际出路……我们的任务就是利用我们的经验、我们的知识，为我们的下一代巩固他们的出路。"①正是因为新加坡政府所秉持的教育理念，才使得新加坡财经素养教育体现出实用主义的特征。

新加坡政府负责推行财经素养教育的部门有金融管理局、中央公积金局、通讯和信息部、国家发展部、卫生部、人力部、社会和家庭发展局等，并设立财经教育指导委员会，2003 年推出全国性财经教育计划——moneysense，并开通网站作为信息资源平台（见图 2–1）。该计划涵盖基础资金管理、财务计划、投资技巧三个方面内容。2018 年 11 月，moneysense 网站进行了全面更新，内容包含了储蓄、信贷、保险、投资、房产、退休、遗产计划七大板块，旨在通过教导国民了解最基本的理财方法并谨慎使用信贷、学习制定长期财务规划、认识各种投资产品以及熟悉投资策略，提高国民的资金管理能力，促进其基本财经素养的提升。

① 黎德源、成汉通、冯清莲编：《向李光耀致敬》，新加坡：新加坡中华总商会与新加坡宗乡会馆联合总会，1991，第 59 页。

图 2–1 moneysense 网站

新加坡政府还依托中央公积金制度，推出一系列公积金计划，如公共租屋计划、医疗储蓄计划、资产增值计划等，鼓励国民增加储蓄，引导国民投资取向，规范国民资产分配比例，在使国民增长财经知识的同时，增长理财技能，使国民在经济财务方面产生安全感。

二、社会组织的财经素养教育通识课

除政府相关部门外，新加坡政府还鼓励各部门与社会机构合作，共同致力于财经素养教育的发展。新加坡政府所推行的财经素养教育计划具有全面性、普适性，它是面向所有国民提供的，涵盖从出生、上学、就业、结婚、退休等人生所有重要阶段需要的财经素养知识。而社会机构与政府不同，社会机构面向部分群体，向有特殊需要的群体提供更有针对性的财经素养知识和教育，与新加坡政府提供的财经素养教育形成互补，使新加坡财经素养教育更加全面、细致、完备。

新加坡政府部门鼓励并帮助成立社会组织与机构，作为提供财经素养教育的媒介。2007 年在新加坡教育部的协助下，新加坡国立教育学院与花旗银行合作成立教师财经素养中心，该中心的目的是：鼓励和培训教师如何将财经素养融入学校的核心课程当中，使教学更具吸引力；如何通过相关案例和实践学习构建年轻人的财经素养与能力。该中心的成效显著，仅一年时间就有上千名教师参与了培训，受益学生超过 6000 人。

2012 年，在新加坡金融管理局和新加坡理工学院的支持下，新加坡理财通识学院（见图 2–2）成立。该学院的成立源于金融管理局的一项国家财政教育计划——“存钱有方，理财有道”，因此学院的首要任务是为新加坡国民提供免费的理财教育课程，学院的课程不仅免费，而且采取中立的立场，不向国民推荐任何理财产品。通过在线课程、研讨会、讲习班、报告、座谈会等多种形式，为成年人与在职人员提供理财教育课程，通过学习课程帮助他们建立核心经济及管理资金的能力，使他们能够做出合适的财务抉择。

INSTITUTE FOR
FINANCIAL LITERACY
MONEYSENSE - SINGAPORE POLYTECHNIC

图 2–2　新加坡理财通识学院

除新成立的社会组织外，新加坡已有的银行、保险机构也积极地投入到财经素养教育当中。新加坡消费者协会、银行协会、保险协会、金融管理协会等组织纷纷成立，作为非营利组织与产业从业者协会，大力配合新加坡政府，宣传并提供与自己的行业相关的财经知识和技能，为国民提供更加专业、更具针对性的财经知识和技能，成为促进新加坡财经素养教育发展的重要力量。

三、大中小学校的财经素养教育课程

2014 年新加坡政府将财经素养教育从国民教育层面拓展到学校教育层面。新加坡政府意识到财经素养教育开展得越早越好，但青少年的财经素养教育在新加坡还较为欠缺。2013 年 10 月，新加坡副总理尚达曼发表讲话：“从 2014 年起，初中学生的课程中将加入金钱管理技巧等内容，来帮助他们尽早形成消费和储蓄的正确态度。教育部将首先针对中学一年级、二年级的学生启动相关工作，届时还将帮助教师们学习必备的知识和技能，以使他们的教学能真正提高学生的财经素养。”尚达曼的讲话表明，着重提高青少年的财经素养水平，将财经素养教育融入基础教育的学校课程中，是新加坡政府采取的下一步工作。

2014年，财经素养教育课程正式纳入新加坡国民教育体系中，从小学、中学到大学全面铺开。在小学一年级、二年级开设消费教育相关课程，帮助学生了解与货币、钱财相关的基本常识；中学课程增加金钱管理技巧等相关内容，帮助初中学生形成消费和储蓄的正确态度；大学直接开设个人投资理念的相关课程，将财经素养教育与德育结合，帮助大学生树立正确价值观、消费观和人生观。在学校课程中融入财经素养教育的内容，不是为了考试，而是为了教授学生重要的生活技能，让他们在今后的人生道路上受用无穷。

第3章

新加坡财经素养教育的框架

2003年10月，新加坡政府在广泛征集公众和工业界人士的意见后，制定了全国财经素养教育的标准框架——moneysense核心财经能力框架。该框架是新加坡政府实施财经素养教育的纲领性文件，财经能力框架由三个层次知识和五个核心能力构成。换句话说，新加坡政府实施财经素养教育的重点在于增长新加坡公民三个层次的知识，培养新加坡国民五个方面的能力。新加坡各个层面的财经素养教育均围绕该框架进行。

财经能力框架三个层次知识分别为：第一层次的基础资金管理，第二层次的财务计划，第三层次的投资技巧；五个核心能力分别为：了解金钱，了解自己及自己的权利与责任，管理日常资金，计划优先，选择适合自己的金融产品。核心财经能力框架详见图 3–1。

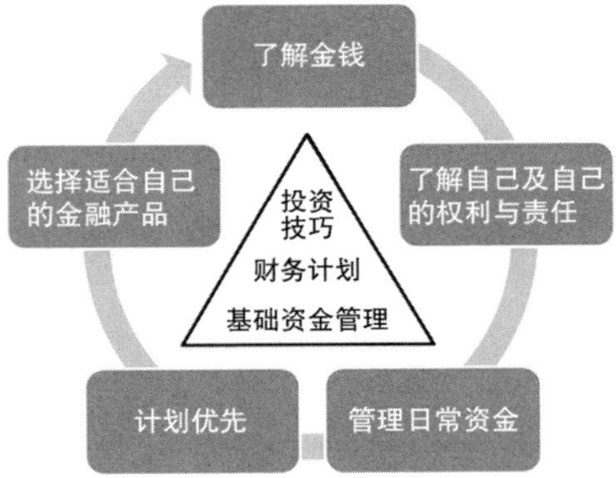

图 3–1　新加坡 moneysense 核心财经能力框架图

第一层次的基础资金管理知识涵盖了预算制订和储蓄的技巧、合理使用信用卡等内容；第二层次财务计划知识的内容是制定满足人生财务需要计划的技能和知识；第三层次投资技巧知识是不同投资产品和投资技巧的知识。

五个核心能力的含义分别为：

了解金钱——有评估可供选择的成本与收益的计算能力，了解经济条件如何影响消费者。

了解自己及自己的权利与责任——了解个人情况如何影响个人财务决策，比如个人收入、年龄、拥有几个孩子等，了解作为消费者的权利和责任。

管理日常资金——学会预算，学会利用个人的方式生活并负责地使用信贷设施（比如买房）。

计划优先——谨慎地制定用于管理个人资源的财务计划，如收入、债务、储蓄和投资计划。

选择金融产品——了解常见的金融产品的用途、特点、风险和成本（如借记卡和信用卡、贷款、保险和投资），能够在购买产品之前提出关键问题及顾虑。

三个层次重点在于传授知识，五个核心能力在于培养能力，知识与能力之间是相辅相成的，知识的增长有利于能力的养成，能力的养成有利于知识的巩固，它们是个人培养财经素养能力不可缺少的组成部分。基础资金管理知识是了解金钱、了解自己及自己的权利与责任的基础，财务计划知识对应的是计划优先能力的培养，投资技巧的知识有助于选择金融产品能力的提高，它们的对应关系详见表 3-1。

表 3-1　　三个知识层次与五个核心能力的关系

<table>
<tr><th colspan="2">层次</th><th>能力</th><th>含义</th></tr>
<tr><td rowspan="3">基础资金管理</td><td rowspan="3">预算制订和储蓄的技巧、合理使用信用卡</td><td>了解金钱</td><td>有评估可供选择的成本与收益的计算能力，了解经济条件如何影响消费者</td></tr>
<tr><td>了解自己及自己的权利与任</td><td>了解个人情况如何影响个人财务决策，了解作为消费者的权利和责任</td></tr>
<tr><td>管理日常资金</td><td>学会预算，学会利用个人的方式生活并负责地使用信贷设施</td></tr>
</table>

续表

层次		能力	含义
财务计划	掌握制定满足人生财务需要计划的技能和知识	计划优先	谨慎地制定用于管理个人资源的财务计划
投资技巧	掌握不同投资产品和投资技巧的知识	选择金融产品	了解常见的金融产品的用途、特点、风险和成本，能够在购买产品之前提出关键问题及顾虑

第二部分

新加坡财经素养教育内容

第4章 理财入门

巴菲特曾经说过，习惯的链条在重到断裂之前总是轻到难以察觉！

良好的资金管理是一项可以学会的有用技巧。良好的资金管理更多地取决于形成良好的财务习惯、改掉不良财务习惯。

一、你的财务目标是否明智？

不能仅仅设立财务目标，重要的是使你的财务目标够明智。财务目标需要明确具体、可测量，具有可实现性、现实性，还要有时间限制。这是制定好的财务计划的第一步，也是最重要的一步。

詹姆斯·唐先生出生于1977年，他每年的收入是40000元，他的妻子与他同岁，每年收入是30000元，他们有两个女儿，分别是1岁和3岁。

唐先生拟定的财务计划表如表4–1所示。

表4–1　　詹姆斯·唐先生的财务计划表

名字：詹姆斯·唐先生（年龄：35岁），日期：2012年1月1日					
财务目标	优先次序	目标日期	时间长度	所需总数	财务计划
55岁还清购房贷款150000元	中等	2031年12月31日	20年	每月还贷款810元	每月至少存款810元
两个孩子的教育基金	优先	2028年1月1日	16年	60000元	每年储蓄3750元＝每月储蓄312.50元＝减少聘用私人教练
65岁建立退休基金200000元	优先	2040年12月31日	29年	每月300元	每周储蓄75元＝减少在饭店用餐；每月的储蓄购买4%收益率的金融产品

1. 财务目标必须明确具体

财务目标必须明确，你要做什么、怎么做。

例如：

要做什么：20年间全部还清购房贷款150000元。

要怎样做：假设收入是3000元，每月储蓄810元，作为抵押贷款还款计划。

计算出每个目标需要多少钱，想想你怎么能有那么多钱。当涉及未来价值时，记住要考虑现实的价格和通货膨胀率，如表4–2所示。

表4–2　　财务目标

目标示例	怎样才能达到目标
购买房屋、购买医疗保险或人寿保险	定期付款
退休储蓄	储蓄或投资
孩子的高等教育	储蓄和贷款结合

2. 财务目标必须可测量

实现目标的过程必须可以监控，一旦发现落后于目标立即采取行动，如表4–3所示。

表4–3　　量化财务目标

月收入	3000元
装修贷款	15000元，贷款利率5%
偿还装修贷款计划	储蓄月收入的20%，即600元，用于还清每月的装修贷款
可测量结果	2年3个月完全付清装修贷款

从以上例子可知，我们了解到月收入的20%可以支付一定数额的贷款。

然而，如果不能将月收入的 20% 储蓄起来，可能需要寻求其他方式来满足目标。一种方式是减少支出，以便有更多的钱来偿还贷款。

3. 目标必须具有可达性和现实性

需要制定一些规则来坚持计划。制定一个能够实现目标的计划或者办法，这个目标必须具有现实性，基于你目前的经济状况能够达到。

举个例子，一个不现实的目标是，一年时间成为百万富翁，或者 10 年时间成为亿万富翁，而年收入只有 40000 元。

4. 目标必须有时间范围

为你的目标设定时间范围，比如一个月、一年，或者 10 年。

设置一个结束时间点，可以让你有清晰的目标。如果目标没有时间范围，你实现目标的承诺就会被弱化。

目标没有时间范围会导致拖延，因为缺乏为此立刻工作的紧迫感。

总 结

· 设定财务目标很重要，有了目标我们才能制定有效的财务计划。

· 财务目标必须要明智（S.M.A.R.T.）：

√明确具体（Specific）

√可测量（Measurable）

√可达性（Attainable）

√现实性（Realistic）

√时间限制（Time bound）

· 设定明智的财务目标，严格执行我们的行动计划，我们很可能实现财务目标。

二、利息是朋友还是敌人？

利息既可以对你有利——增加你的储蓄，也可能对你不利——增加你的债务。让我们学习利息的影响，使利息成为我们的朋友而不是敌人。

复合利息（简称“复利”）的概念是利息收入，即利息赚利息。

例如，投资 100 元，年息 4% 的复利，本金及利息的变化如表 4-4 所示。

表 4-4　　　　　　　　复合利息表　　　　　　　　单位：元

年度	年初金额	年度利息收入	年末金额（包含利息收入）
1	100	0.04 × 100=4	100+4=104
2	104	0.04 × 104=4.16	104+4.16=108.16
3	108.16	0.04 × 108.16=4.33	108.16+4.33=112.49
4	112.49	0.04 × 112.49=4.50	112.49+4.50=116.99

将钱储蓄起来或者投资到金融机构是不错的主意，它能带给你多年的复合利息回报。用复合利息来增加你的储蓄。

复利影响的例证，如表 4-5 所示。

表 4-5　　　　　每月储蓄 100 元的不同增长率　　　　　单位：元

年度＼利率	1%	2%	3%	4%	5%
5 年	6155.03	6315.24	6480.83	6652.00	6828.94
10 年	12625.50	13294.09	14009.08	14774.06	15592.93
15 年	19427.58	21006.26	22754.01	24691.08	26840.26

总　结

· 定期储蓄很重要。

· 我们最好投资可以信赖的金融工具，这样才能够带给我们好的利息回报。

· 复合利息的定义是利息赚利息。

· 如果我们坚持储蓄，利息就可以为我们工作，增加我们的储蓄。

·反过来说，如果我们欠钱，复合利息就会对我们不利，增加我们的债务。

·让我们将利息变成朋友而不是敌人。

三、你的钱去哪了？

记录你的消费是达到财务目标不可缺少的步骤，这是因为任何可以测量的都是可以改进的。你今天要如何改进？

1. 预算制度

达到财务目标，你必须迈出的第一步是制定预算制度。

预算是一个我们如何分配财务资源的计划。

制定预算是开始掌控自己财务状况的一个好办法，因为它能帮助你做到：

·生活量入为出，满足花费。

·记录支出，以满足自己长期和短期的目标。

·控制自己的金钱，这样金钱就不会控制你。

2. 记录花销的简单工具

如果不知道每个月你的钱都花在哪了，这儿有一个简单的却非常有效的办法，帮助你开始记录每个月的支出：

（1）找到一个小的笔记本，划出五列，列明支出日期、项目以及你支出的方式，分别是：现金、支票、信用卡。

（2）去哪都带着笔记本。

（3）每买一次东西，都要记录下来，你买了什么，花了多少钱。每次买东西之后都尽快去做，并记录你是用现金、支票还是信用卡支付的。

表 4–6 展示的是一些样本数据。

表 4–6　　记录花销的工具　　单位：元

日期	交易项目、服务	现金	支票	信用卡
2013 年 1 月 7 日	早餐	3.50		
2013 年 1 月 7 日	午餐	5.00		
2013 年 1 月 7 日	咖啡			6.50
2013 年 1 月 7 日	儿子的学费		400.00	

总　结

· 我们需要一种方式不断地记录我们的支出。

· 仅仅使用一个笔记本就可以记录我们的支出，我们可以这样记录：

√ 购物的日期

√ 交易项目、服务的细节

√ 费用

√ 支付方式（现金、支票或信用卡）

·通过记录支出，我们可以更清楚地意识到我们的钱花在哪了，我们可以改进消费习惯。

四、制定一个好的开支计划

以下内容介绍预算的制定过程，介绍如何制定一个好的开支计划。开支计划应该以月计，目的是分析和优化你的资源。

1. 制定月计现金支出表

月计现金支出（优先程度：1= 需要，2= 想要），如表 4–7 所示。

表 4–7 月计现金支出表 单位：元

项目	实际支出	目标支出	优先程度
固定支出			
储蓄			
抵押贷款还款 / 租金付款			
管理和财产税			
保险			
收入税			
孩子的教育			
孩子和父母的补贴			
佣人			
交通			
汽车贷款还款			

续表

项目	实际支出	目标支出	优先程度
汽车保险和道路税			
停车费			
汽油和保养费			
公共交通			
公共设施和家居维护			
水电账单			
家庭电话			
手机			
有线电视和网络			
食品和必需品			
杂货			
外出用餐			
衣服和个人保养			
医疗和药品			
杂项			
旅行和家庭出游			
娱乐			
爱好和运动			
其他			
总计			
净现金流量=总收入 - 总支出			

记录每个月的支出很重要！

列出所有目标和计划支出，在月底时，你就能够分析你的开支模式，然后做出改进。

2. 标记出可能超支的项目

· 用储蓄支付当月账单。

· 推迟支付账单。

· 当收入没有减少时，减少每月的储蓄。

· 当收入没有增加时，增加你的支出。

· 每月偿还的贷款高于你每月的收入。

3. 评估你的支出

在有代表性的一个月中，你外出用餐花了多少钱？

通过对外出用餐支出进行分类，可以进一步评价你外出用餐的支出，如表 4–8 所示。

表 4–8　外出用餐支出表（样本数据）　单位：元

当月支出	目标数额	实际数额
餐厅	100	120
咖啡厅	30	15
酒吧	50	30
快餐店	20	15
小贩中心	300	350
美食广场	100	120
食堂	30	30
食品亭	10	10
其他餐饮服务	0	0
总计	630	690

4. 了解并解释你的预算表

比较目标栏和实际栏能够告诉你，实际的支出与计划的支出有多少差距。这也给了你一个机会来评价，你如何及在哪里重新分配你的资源。

总　结

· 我们需要计划我们每月的支出。

· 制定计划后，我们需要记录我们的支出。

· 我们要比较：

√ 目标支出

√ 实际支出

· 分析我们的支出模式，并做出改进。

· 如果我们实际的支出少于目标支出，那么我们就会有更多的储蓄。

五、预算轻松自如

下面详细介绍四种不同类型的预算系统：信封系统、书面记录系统、电子系统、三银行账户系统。无论你使用哪个系统，记住要有效地分配你的资源。

你可以使用一种或多种以下的方式制定预算：

1. 信封系统

将不同的费用分类放进不同的信封中，当你存款或取款时，在信封上记录下金额。

2. 书面记录系统

在纸上记录下所有的支出，每个月制定支出计划，然后与你实际支出作比较。这将有助于确认你的支出模式并做出改进。

3. 电子系统

电子系统与书面记录系统相似，不同之处在于你所有的交易记录都是记录在电子移动设备上的。有很多应用程序可以帮助你完成这个工作。

4. 三银行账户系统

这个系统是指在三个不同的银行开设三个账户，这三个账户的目的是：

普通储蓄账户——使用这个账户进行日常银行业务交易。

紧急储蓄账户——留出 3~6 个月的费用在这个账户中。除非是绝对必要的，否则不要从这个账户中取款。

长期储蓄账户——这个账户用来为你的长期财务目标增加储蓄，比如为退休、为孩子的教育储蓄。

总　结

· 你可以使用很多不同的预算系统。

·中心思想是有效地将你的支出转移到重要的项目上，同时减少不必要的支出。

·在分配资金用于各种支出之前，首先留出你每月的储蓄是重点。这是一个“先为自己买单”的概念。

·留出3~6个月的月收入作为紧急储蓄也很重要。除非十分必要，否则不要从这个账户取款。

六、怎么精打细算你的钱?

学习精打细算的方式，尤其是在医疗、家庭需要和孩子的教育方面。成为一个聪明的消费者，将会对你达到财务目标大有帮助。

1. 成为一个聪明的消费者

·寻找减少开支的方法。比如使用更便宜的手机套餐，购物时使用优惠券，减少外出用餐。

·寻找最值得买的商品。哪里有更好和更便宜的?

·提前计划以便更好地处理意外开支。

·寻找免费物品。比如从公共图书馆借书和CD而不是购买，在公共场所运动而不是在昂贵的健身房。

·考虑用二手物品取代全新物品。

·你自己能做的事情不要付费购买服务。

· 拒绝冲动购物。

· 如果可以，不要用信用卡购物，因为信用卡与未来的钱关系密切。

2. 要节俭

制定一个节俭目标和计划，你将看到你为未来节省下了多少开支，如表 4–9 所示。

表 4–9　　节俭计划　　单位：元

每周的支出转化为储蓄	预计每周储蓄	预计 30 年后的储蓄
放弃一周内在线娱乐信息杂志	2.00	3120.00
放弃一天内的设计师咖啡，选择普通咖啡	28.00	43680.00
一天内选择公共汽车或地铁出行而不乘坐出租车	122.00	190320.00
一天内在小贩中心而不是高档餐馆或咖啡馆就餐	189.00	295840.00

注：预计 30 年后的储蓄 = 预计每周储蓄 ×52 周 ×30 年。

总　结

· 良好资金管理的重要部分是成为一个聪明的消费者。

· 寻找省钱的方法。即使每天节省一点点，长期来看也能积少成多。

· 如果你在周围好好看看，就会发现有很多低价甚至免费的替代品。

- 养成节俭的习惯。
- 减少对你而言没有好处的、所有不必要的开支。

七、分期付款计划的真正成本是什么?

了解更多关于分期计划的真正成本。通常情况下,使用分期付款购买商品要比预付款更贵。在购买之前,要了解“需要”和“想要”之间的区别。

什么是想要?想要是你渴望或希望得到一些东西,通常更贵重。

什么是需要?需要是你生活所需要的商品或服务,也称为必需品。

表 4–10 是一些需要和想要的例子。看看你是否能够想到更多。

表 4–10　“需要”与“想要”

需要	想要
基本的食品和饮品	有 5 道菜的晚餐
基本的住宿	豪华别墅
公共交通	昂贵的跑车
基本的衣物	设计师服装

[案例] 买？还是不买？

卫斯理正在填写家庭预算表……

儿子：爸爸，你能给我点钱吗？我想买一块手表！

卫斯理：你有手表啊！

儿子：我的没有完整的智能手表功能，我所有的朋友都有那样的表！求你了，爸爸……

爷爷：我亲爱的孙子，你必须要清楚“需要”和“想要”的区别。有一块表可能是“需要”，但是有一块高档手表就是“想要”。一般来说，大多数的“想要”都不是必需的。

我们花钱的决定一般都是由“需要”和“想要”驱动的。

“需要”与生活的必需品相关，有些东西“没有就活不了”。

“想要”一般来说是我们期望的东西，比如奢侈品。通常情况下，我们“想要”并非绝对必需。

将来，在你花钱买东西之前，你都问问自己以下的问题，判断是“想要”的还是“需要”的：

· 我买这个商品的原因是什么？我真的需要它吗？

· 如果我拥有它，事情会变得有什么不同？如果我不能拥有它会发生什么？

· 如果我拥有它是不是需要花更多的钱？有没有便宜一点的替代品？

总 结

·通常情况下，使用分期付款购买商品要比预付款更贵，这是因为分期付款购物要支付利息。

·在大量购买之前，考虑清楚这个东西是你需要的，还是你想要的。

√需要与生活的必需品有关。

√想要一般是我们期望的东西，但不是必需的。

·在购买昂贵的物品之前，停下来想一想第一位的替代品。

第5章 人生大事

如何处理人生中几个重要的大事的理财问题，将决定这个人生阶段的生活品质。

一、作为一名学生

1. 使你的金钱增值

作为一名学生，你很可能得到补助或者自己赚取一些收入。有些日子你可能会觉得钱不够花。如果你不能要求补助增加，你需要更聪明地使你的钱物尽其用。

通过区分“需要”和“想要”来使你的金钱增值。“需要”与“想要”的区别如前所述，据此可以判断出，作为一名学生的“需要”和“想要”的区别(见表5-1)。

表5-1　　学生的“需要”和“想要”

需要	想要
·食物和饮料 ·衣物 ·公共交通 ·课本和文具 ·学校杂费	·快餐食品、设计师咖啡和珍珠奶茶 ·品牌服装与配饰 ·出租车 ·看电影 ·电脑游戏 ·美容与医疗整容

2. 制定预算来帮助你控制支出

列出你需要花钱购买的所有东西以及这些东西的价格。理想的做法是你应该首先留出一些钱来储蓄。你永远也不知道什么时候储蓄就会派上用场。根据预算，当你用钱买东西时，你应该发现自己不太可能资金紧张，如果剩下一些钱，你应该只花一点点，剩下的都存起来。

给你一些建议：

·在餐馆就餐要求“学生餐”。一些餐馆十分理解有预算意识的、饥饿的学生的需要，在非用餐高峰时段为学生提供折扣。

·在电影院看电影时，要求学生票。在非高峰时段看电影你会得到更多优惠。

·订阅专门为学生提供的手机套餐。他们通常会捆绑免费的或无限制短信服务，使你的月租费更有价值。有关详细信息，请咨询你的手机服务商。

· 在家和学校之间往返使用学生优惠证，享受公共交通工具的优惠价格。

3. 为学生提供的经济补助

即使政府通过学费拨款承担了大部分的成本，支持学生在地方高等教育机构的全日制学习也需要大量资金。

任何学生都可以获得这种经济补助。

很多公司或机构为学业成绩优秀的、乐于参与社会活动的学生提供奖学金，你可以在毕业后为他们工作几年而获得“债券”。你所在的高等教育机构可能会有奖学金计划，以表彰你的勤奋。

一些银行家提供免息的学费贷款，以及更多的还款计划，你的学校也可能有一些学习贷款项目，去了解一下。

如果你需要更多的补助，请查看补助和经济援助计划，或者申请你所在高等教育机构的助学金。这些机构通常会留出一部分资金用于帮助有经济需要的人。

二、初入职场

当你们从学生生活进入到职场之后，你们中的大多数人都是第一次经济自立。这些都是激动人心的时刻，当看到第一笔工资存入银行账户时，谁不会感到兴高采烈？但是我们很少有人能够毫无顾虑地花钱。我们中的一些人已经肩负起责任——你可能已经有了在经济上依赖你的家属，也许有没有经济来源的年迈父母或年幼的兄弟姐妹，也许你还有学生贷款需要偿还。即使你获得了梦想中的工作，拿到了梦想中的收入，如果你的经济能力不足，你依然可能陷入困境。资金管理技能是必不可少的。

1. 控制你的支出和信用使用

因为努力工作而想要奖励自己，这是很自然的想法，但是要正确看待这件事情。如果你最近要买的设计师包包或者IT配件要花掉你一大块月收入，可能你应该重新考虑一下“奖励”这个概念，尤其是你要买的东西不属于投资，而且买到手就会立刻贬值。没有节制地花钱、爱冲动购物，长远来看只会带来麻烦。读读下面这段话：

“……你申请了信用卡。你在豪华餐厅吃饭，只穿最好牌子的衣服。你用贷款买了一辆新车。一切看起来都很美好，但是你开始感到压力。你不能按时足额支付信用卡账单。你开始支付最低金额，未还的贷款随着利息增加而增长，甚至发薪水的日子也不堪重负。你透支提现并从父母那里借钱，但是债务金额还是一直在滚雪球。最后，汽车被收回，你寻求帮助重组债务以避免破产……”

正如古老的格言所说，要量入为出（但这并不意味着你可以花光赚到的一切）。借钱之前要好好想一想。贷款或信贷额度应该是最后的手段，因为如果你不能跟上偿还债务的进度，你将承受其成本和新的难题。

2. 管理你的收入

确定你的可支配收入（如扣除税金和公积金、交租金、向父母交出家庭支出份子后，你的工资有多少），确保每个月的支出不能超过剩余的收入。无法记录你的支出？不要苦恼，请继续阅读。

3. 学习制定预算

管理可支配收入、监控支出的一个非常实用的办法就是制定预算。通过以下三个步骤就可以制定一个简单的预算：

（1）列出你所有的日常生活所需支出（交通、餐饮、租金、所分担的家庭开支等）。

（2）决定在每一项上要花多少钱，并严格执行。

（3）留出剩余部分并储蓄。首先从比较现实的金额开始（可能每月200元），然后目标是收入的10%。如果可以的话，你可以储蓄更多。

切记要不断地审核你的预算。你可能会发现你预期的费用是不现实的：他们可能比实际的更高或者更低。

调整差异，为优先的项目分配更多的资金，减少不必要的支出，并且保证将剩余部分储蓄起来。即使你最开始不能储蓄很多，留出钱来储蓄是形成储蓄的好习惯。即使是很少的钱，在一段时间后，由于复利的作用也会有所增长。

要留下 3~6 个月的工资储蓄以应对意外开支。你永远不会知道什么时候失业，或者要修理漏水的浴室。要记得留出一些钱来应对特殊的花费，比如给妈妈或亲密的朋友送生日礼物。

如果你不能严格地遵守预算也不要气馁。鼓励自己下个月更努力一些，牢记自己的财务目标：为退休储蓄永远不会太晚，如果父母退休后要依靠你，要为满足父母的支出、你梦想中的公寓或假期储蓄。

4. 提前计划

努力学习和应用基础资金管理技能。制定财务计划，列出你的目标和实现目标的策略、步骤。了解严格的储蓄和投资如何帮助你达到这些目标，如何为紧急情况所需的储蓄和保险做好财务的准备。我们负责自己的财务健康。

5. 纳税新手

如果这是你的第一份工作，你可能想知道如何申报和履行纳税义务。

一般来说，你将收到新加坡国内税务局的信件或短信的通知，告知你是否需要提交所得税申报表。

管理个人财务的一种实用方法是了解什么应该纳税，什么不需要纳税，提前计划减少你的税金。

一般来说，所有在新加坡工作或从新加坡获得的收入都应该征收所得税，包括你不同来源的收入，比如工作、从事的自由职业、提供私人补习服务或保姆工作、在线业务等。

自 2017 评估年度起，个人所得税税率从 0%（年度收入 20000 元及以下）到 22%（年度收入超过 320000 元）。新加坡的个人所得税税率是累进的，意味着高收入者缴纳更高的税费。

新加坡 2017 评估年度缴纳税金的居民，可以获得个人所得税 20% 的退税，最高限额为每人 500 元。你可以申请减税，比如申请课程费用减免（学术、专业或职业资格的课程，或者与当前工作相关的课程）、父母救济（家庭收入低于 4000 元的父母）、捐赠减免，等等。

6. 员工福利

一些工厂、单位会给你提供一些福利使你减少支出。与你的雇主确认你是否享有医疗和牙科费用减免。你也可以享受团体保险计划。了解这类保险计划的好处和局限，如果你换个雇主，可能无法再享受。所以你应该考虑购买一些医疗保险、人寿保险。

三、结婚了

1. 结婚

如果你准备安定下来过婚姻生活，那么祝贺你。

考虑参加婚姻准备计划，能够为夫妻双方健康、富足的婚姻和家庭生活做好准备。这些计划帮助夫妻更好地了解自己和另一半，同时学习交流财务计划和冲突管理的使用技巧。

2. 策划婚礼

每个人都向往举办婚礼，然后开始婚姻生活。两人共同决定留出多少钱来组织婚礼。记住，应该跟你的收入和舒服的感觉挂钩，而不是你的堂兄或哥们儿的婚礼花了多少钱。

像婚礼这样的大事可能会很昂贵，成本高得让人们想要逃跑。记录下你所需要的然后仔细地管理花费。以后多年，你的婚礼都应该带给你美好的回忆，都不会让你因为花了多少钱、还欠别人多少钱而畏缩。

3. 共同管理财务

共同生活的必不可少的一个方面是学习如何共同管理你们的财务。你和你的另一半也许对钱有不同的态度，对他（她）来说很合理、很明智的事，对你来说可能很小气。

钱的事情可以导致任何关系的紧张。以往互赠奢侈礼物的恋人一旦结婚，要买自己的房子，那些礼物就不再想要了。应该找到花钱少但很有意义的方式庆祝婚姻当中的重要里程碑。

以下是一些友好地处理财务的建议：

· 好好了解并且习惯双方管理资金的方式。如果对方爱花钱，那么在限额上达成一致，你做一个节约者。让对方清楚地了解你的期望并且找到一些共同点。

· 努力共同制定预算。预算既能帮助你记录收入是怎么花掉的，也能帮助你改善你的财务状况。

· 找到一种方法共同分担家庭开支的责任，也要为共同的目标节省开支，比如紧急基金或退休，就双方的贡献达成一致，比如占个人收入的比例。一个人负担偿还房贷，另一个负担支付账单。

· 设定目标、承担责任，以自己力所能及的方式生活。请记住，你们不会永远是一对刚开始大有前途的职业生涯的年轻夫妇，你们当中的一个可能会停止工作，来照顾刚出生的孩子或者照顾年迈的父母，所以要早早开始认识到攒钱的重要性。随着家庭人数的增长，花费也跟着增长，互相鼓励，为共同的目标而努力工作。

· 避免冲动购物。在双方没有达成一致时，不要自作主张做出大额财务决定——在没有问过对方之前，不要同意借钱给你兄弟买车或做生意。

· 要始终保持在自己能力范围之内，你的债务占收入的比率不应超过35%。

· 首先要考虑重要的事情——医疗保险或人寿保险。

四、买房子

1. 你需要为什么付钱?

买房子可能是大多数人最大的经济负担，这是一项长期的负担，应该好好规划。

在你开始找房子，决定买之前，首先要计算出你能付得起多少钱、你需要支付多少钱。你能付得起多少钱取决于你现在的收入、已有的债务和支出、储蓄以及你能申请贷款的额度。

买房子涉及一些预付款项，以及每月的付款，比如房贷分期和管理费用。

（1）预付款项：

· 期权费。

· 初始定金或首付款——你要支付多少钱，多少可以用现金支付，多少可以从公积金账户中支付，取决于你从哪里借款、你所购买的房子的价值和类型、你是否有购房贷款，以及你打算承担的贷款期限。

· 购买印花税。

· 法定费用，包括印花费。

· 代理或销售人员的佣金和费用。

· 其他杂项费用。

（2）每月付款：

· 购房贷款还款。

· 火险。

· 抵押保险。

· 管理费。

· 财产税。

· 水电账单。

2. 你能买得起什么？

从长远来看，一定要买一套你能买得起的房子。

要计算你能买得起什么，列出你能够提供用于预付款项的资源，以及持续抵押付款还款和其他费用。

持续费用如财产税、火险和抵押保险、管理费，不能用公积金储蓄支付。所以你需要每个月都留出足够的现金支付这些费用，以及满足你每月生活费和已有的财务负担。如果你接受浮动利率贷款，可能会使你花费更多，那么留出一些积蓄应对未来利息的涨幅才是明智的。

另请注意的是，如果你的房产价值下降且超出原始贷款价值比率，贷方可能要求你支付一些未还贷款。你可能必须要花费积蓄才能满足这个要求。

避免使用所有的公积金储蓄买房。从 50 岁开始，新加坡公积金普通账户缴款减少，这可能会影响你的贷款偿还能力，所以建议你在 50 岁之前还清房贷。

你可获得的资源有：

· 现金储蓄（满足买房的预付款项，在收入减少的情况下满足每月的还款）。

· 公积金普通账户储蓄。

·（如果有房产）出售现居房屋的所得（扣除未还贷款）

· 你的收入——你是否有稳定的收入，或者以佣金为基础并取决于其他因素。

3. 使用公积金储蓄

你可使用你的公积金储蓄来支付部分房款和偿还贷款。但是如果你申请了银行贷款，公积金储蓄账户有最高限额及公积金提现限额，目前是每个房产的估值限额的 120%。估值限额是购买价格或估值价值两者中的较低者。举个例子：如果一套公寓的购买价格是 300000 元，估值价格是 330000 元，估值限额将是 300000 元，提现限额是 360000 元。

如果你已经使用公积金购买了房产，仍然希望使用公积金购买第二套房产，你只能使用剩余部分，而且估值限额是100%。

一旦你已经达到了提现限额，你将不允许继续使用公积金储蓄，你需要使用现金来支付剩余的房屋贷款。检查你的还款计划，计算出你需要使用多少现金，要多长时间之后需要使用现金。

公积金储蓄只能用来购买建造在永久业权或租赁土地上的房产，剩余租期至少是30年，这样你的租约可以持续至少80年。

4. 什么是住房贷款?

住房贷款或抵押贷款是一种购买房产并以所购买房产作为担保的贷款。住房贷款通常要按月分期偿还。在申请住房贷款之前，确保你能够承担得起还款。询问还款计划以帮助你估算成本。银行应该向你提供住宅物业贷款情况说明，以帮助你了解贷款条款。即使你有资格获得大额贷款，也不要接受，除非你保证你有资金支持。

银行从首次发放住房贷款之日起收取利息，通常是你（支付期权和首付款之后）支付的剩余购买价格。如果购买价格可以逐步支付，则支付可以分阶段进行。还款计划列出你每月的还款额以及必须支付的日期。

5. 你能借多少钱？

银行评估你的贷款资格主要依据的标准是：

（1）总债务偿还率。这是对你每月债务总额与你的月收入总额对比的计算，月债务包括现有的房屋贷款、你正在申请的新的房屋贷款、汽车贷款、透支额度、其他信用卡额度和经常性债务等。每月分期还款的总债务偿还率不得超过60%。这是为了鼓励家庭谨慎贷款。

（2）抵押服务比率。具体来说，就是从银行和建屋发展局获得、用于购买房屋最低占用期尚未到期的贷款，每月贷款还款分期额度不能超过借款人每月总收入的30%。

（3）贷款价值比率。这是以百分比的形式表示的、与房产价值相关的贷款金额。

贷款价值比率限额考虑信用卡透支账户，包括其他金融机构授权的信用卡。在计算贷款额度之前，任何人向借款者提供的折扣、回扣或其他益处必须从购买价值中扣除。

新加坡银行用于决定贷款价值比率的因素包括：

· 已有贷款；

· 使用期；

· 每月分期还款额度占每月总收入的比例。

如果你有已经同意出售的住宅物业，你可以获得过渡性贷款，但是以后只会收到销售收入。

6. 建屋发展局的住房贷款

如果你从建屋发展局获得住房贷款，你可以获得高达购买价格或房屋预估价值 90% 的金额，具体取决于建屋发展局信用评估哪个更低。

建屋发展局能够提供房屋贷款的额度取决于购买者的年龄、月收入和财务状况等因素。如果你希望获得建屋发展局贷款，在购买之前，你需要首先获得建屋发展局贷款资格。

7. 你每个月还款多少？

房屋贷款通常按月偿还。每个月的分期付款由本金还款和利息支付组成。每月分期的额度取决于你借了多少钱、贷款期限、房屋贷款套餐利率以及利息计算方式。

需要注意的是对于相同金额的借款，较长的期限会导致每月的还款较少，但支付的利息总额高于较短期限的利息额。

8. 有哪些类型的房屋贷款？

主要有两种类型：

· 固定利率住房贷款计划，固定利率通常适用于初始期间，之后是浮动利率。

· 浮动利率房屋贷款计划，通常与参考利率挂钩。

确保知道参考利率如何得出，利率多久重新设置一次，以及在什么情况下贷款利率会改变。

还有更复杂的住房贷款计划，确保你了解特殊功能的适用方式，以及它们以后是否会移除或修改。

通常情况下，最初几年会提供优惠的利率，低于剩余部分贷款的利率。确保你了解什么时候优惠利率期到期，你每月的还款额度会增长多少。

9. 如何计算利息？

两种常见的利息计算方法：按月减少或按年减少。

按月减少贷款的应付利息总额低于按年减少贷款应付利息总额。

10. 你会收到什么文件？

银行会提供下列的文件：

· 住宅物业贷款情况说明书；

· 报价信；

· 管理住房贷款的条款和条件；

· 其他文件，如费用和收费表。

抵押文件通常由银行的律师提供。

在签署文件之前，请确保你了解所有的文件，如果你不能确定某些条款或条件的适用情况，请寻求帮助。银行职员或你的律师可以提醒你应该特别注意的关键性条款。

11. 什么是抵押贷款？

抵押是一种担保形式或抵押品，可以保护银行免受你跟不上房屋贷款还款进度的风险。如果你的公积金储蓄已经用于偿还贷款、作为首付或者两者都有，银行将拥有对你的财产的第一指控权，公积金局有第二指控权。如果你在到期时未能支付住房贷款，第一指控权允许银行出售你的房屋，使用销售收入偿还银行。公积金局将获得剩余的销售收入，弥补从你公积金账户扣除的款项。

12．如果你不能还款会发生什么？

如果你发现你很难跟上每月还款的进度，请迅速联系银行，他们可能会帮助你重组贷款。

13. 什么是再融资？什么是重新定价？

再融资是指利用现有银行或其他贷方转移到更低利率的新住房贷款。

再融资对于你现有的银行来说就是重新定价或转换。每隔几年时间查看你的房屋贷款是否可以通过再融资节省资金。询问你的银行关于重新定价的信息，但首先需要与他们核对锁定期是否仍适用于你的贷款，若仍在锁定期，你可能需要支付某些罚款。

五、生子

你是不是考虑生下第一个孩子但是担心抚养孩子的费用？

不要让财务上的考虑阻碍你享受人生最大的乐趣之一——组建一个家庭，为人父母。

1. 管理生子的花费

随着新的家庭成员的到来，你和你的另一半可能需要调整预算和财务计划。考虑为你的孩子购买医疗保险和人寿保险，以便在意外事件发生时为家庭提供保障。

2. 支付孩子的教育费用

虽然不是所有父母，但大部分父母都想要孩子接受高等教育。但是教育费用却是非常高的，不仅包括学费也包括生活费。如果你不提前准备或计划，很可能会令人生畏。

3. 一些建议可以帮助你入门

· 算出孩子的学费和生活费会需要多少，要将当前价格和预计通货膨胀率计算在内。如果你希望他们接受海外教育，你必须要考虑货币汇率的影响以及目的地国家的预计通货膨胀率。

· 清点已经预留的用于他们接受高等教育的资金，以及到他们入学时你的投资的预估价值。

· 如果在你能提供的资金和孩子教育预计花费之间有亏空，请采取行动弥补亏空。你可能需要留出更多的钱储蓄或投资来达到这个目标。尽早地开始，你的储蓄将会受益于复合利息，也有更多的时间增长。如果你投资购买金融产品，长期的计划允许你有更多的时间安然渡过投资价值的短期波动。

· 考虑市场提供的金融产品和投资产品的范围。很多产品比如捐赠政策声称帮助你为孩子的教育储蓄。但是所有的投资都伴随着风险（比如说没有达到你的预期收益或可能使资金受损），所以请牢记只购买你完全了解和风险程度能够接受的产品。

· 定期监管你的投资组合。查看当前价值和预计价值，看看它们的增长是否符合你的要求，并做出相应调整。不要忘记投资多样化。如果接近用钱的时间，你可能想要将投资转移到更加保守的资产上去，以保持价值。

4. 贷款选择

有多种贷款可以用来资助孩子的高等教育。比如学费贷款计划，这类贷款在上学期间是免息的；还有公积金教育计划，新加坡允许从公积金普通账户中借款来支付在本地的高等教育机构的学费，但有最高提现额度。你的孩子要偿还提现的资金以及相应的利息。

高等教育机构可能提供学生资助、拨款和奖学金，政府也提供一系列的奖学金。

为新家庭成员财务提前计划需要花费时间和精力，但如果能够长期保证家庭的财务健康状况，也是值得的。

六、买车

拥有一辆汽车需要耗费很多精力去维护，在你决定购买一辆汽车之前，考虑一下公共交通是不是能够满足你的交通或通勤需要。将你和家人每天的交通费加在一起，然后与拥有和维护一辆汽车的费用相比较。拥有一辆汽车可能不是一个好的选择。

1. 要花多少钱？

购买一辆汽车是很贵的，尤其是你看中了一辆奢侈品牌或气派的车。如果日后你需要卖了汽车，它售出的价格很可能低于购买时的价格，可能都不够还清你的汽车贷款。

还有维护的费用，比如汽油、电子道路费、道路税、服务和维修费、汽车保险费。

2. 借钱买车

我们大多数人如果不借钱都没有足够的现金来购买汽车。如果你打算借钱买车，首先得算出你能借得起多少钱。除了满足你目前家庭开支、债务和其他财务负担外，你将为你的支出增加更多的债务，你还需要有足够的钱来支付购买汽车的预付款项和让它跑起来的费用。

计算出每个项目你需要多少钱，判断你的预算是否能够满足这些支出。根据经验，你的债务总额，包括信用卡、房产和汽车贷款，不能超过你月收入的 35%。

3. 汽车融资

汽车销售商很可能会给你介绍一些汽车融资套餐，并提供便利的申请流程。

不同的贷方会采用不同的利率，计算利息的方法也可能不同。了解更多有关实际利息成本的信息。跟购物一样，比较一下可以选择的不同贷款。如果你希望提前还清贷款，查看一下是否有什么处罚也很必要。

4. 汽车保险

驾驶一辆没有有效保险的汽车是违法的。至少来说，保险应该包含其他方面的人身伤害险。保险公司主要提供三种汽车险种：

· 第三方保险。

· 第三方、火险和被盗险。

· 综合险。

七、失业

失业是一个痛苦的经历，可能由各种原因引起，比如当经济时期不好，或者你的雇主生意不好，或者是个人原因。

一些应对紧急情况的储蓄将帮助你顺利渡过失业时期。无论你是否有紧急基金可以动用，一些建议可以帮助你度过这个阶段：

· 制定必需品支出的预算，严格按照预算执行以便更好地管理支出。削减所有非必需的开支，如在餐馆就餐、坐出租车。准备好改变你的生活方式。

· 很难说失业会持续多久，如果看起来会很长时间，你可能需要做出更大的改变。如果你发现养一辆汽车的花费和汽车贷款偿还正在消耗你用来满足生活需要的储蓄，查看一下如果提前还清车贷会有什么处罚或花费。如果卖车所得款项不足以支付汽车贷款，询问贷方你还有没有别的选择。

· 你可能想要重新确定财务目标。如果你无法决定储蓄是用于全额支付孩子进一步的教育费用，还是为自己的退休准备，不要忘了，你的孩子可以申请学生贷款。

· 如果你不太可能跟上还款的进度，请停止使用会产生高额利息的信贷服务。尽量保持掌握你需要偿还的所有债务，你会发现你需要重组一些债务。尽快联系贷方完成这个工作。

· 如果你投保了人寿保险，请询问你的财务咨询代表你可以做什么选择。你可以申请保费假期（暂停保费）。你还可以根据保单的现金价值申请贷款，这样的贷款可以支付保费使你的保险继续生效，但会收取利息。但这只是短期的办法不能长期依赖。询问你的财务顾问能否将你的保单转换为全额支付，或者削减保费总额。如果你不采取这些措施就停止支付保费，将会导致你的保险终止。如果你想以后申请保险，你可能必须支付更多，或者由于你的健康状况的变化没有资格再申请保险。

· 查看一下你的投资，如果你需要获得资金，看看什么可以容易地变卖而没有处罚或者变卖成本不太高。如果你不能承受损失，现在可能就是变卖风险较大的资产的时候。

这些措施乍一看似乎很难，但它们可以帮助你管理财务以渡过这个艰难时期。

一旦你找到工作重新就业，要确保你最先做的事情是重新建立紧急储蓄金。时刻保持能够满足 3~6 个月支出的储蓄。

另外，还可以寻求政府帮助。

我们中的一些人可能没有存款或资产可以依赖，如果需要也可以申请政府的帮助。新加坡社区发展理事会提供就业帮助和资金资助。

八、养家糊口的人去世

失去亲人是一件不幸的事，通常情况下，我们会发现自已毫无准备。

当我们为失去亲人而感到悲痛时，想要给挚爱的亲人一个体面的送别是很自然的。一个简单而肃穆的守夜和葬礼是我们表达悲伤和敬意的最有意义的方式。这将有助于感情上的分别。

1. 应对损失

如果是家中养家糊口的人去世，当你应对情感的损失的同时，还要面对突然的家庭收入主要来源的削减，这看起来是巨大的灾难。可能会有一些财务问题需要迅速处理。

以下是一些给你提供帮助的建议：

· 首先重新调整你的预算和支出，以适应家庭财务的变化。检查你现在的生活方式和财务目标，并准备降低一些期望。现在是时候利用你的紧急储蓄来渡过这段艰难时期。

· 如果你的亲人留下了遗嘱，请联系遗嘱执行人确保遗产顺利分配给你和你的家人。你可能需要正式地转移一些资产和现有的投资到自己的名下。请联系银行从他（她）的账户中提取现金，或者关联银行账户。如果你被指定为他（她）公积金储蓄的继承人，公积金董事会将与你取得联系。

· 统计他（她）的保险单，确认是否有死亡事件的赔款，了解谁是受益人，向保险公司索赔。如果你的亲人参加了受抚养人保护计划，你可以联系承保方提交索赔申请。保险公司会告知你索赔的程序和他们所需要的其他信息。请注意死亡索赔的时间期限，尽快报告并索赔以避免延误或复杂的程序。如果索赔得到批准，保险公司将一次性赔付投保时确认的金额。如果你的亲人参保了家庭保障计划，并且有尚未还清的房屋贷款，承保方将就索赔程序与家人取得联系。

· 如果有未偿清的贷款或债务，请迅速联系借款方，看看需要做些什么。

· 如果你已经留下了一些钱和资产，或者收到了保险公司的赔付，你可以想一想如何管理你的资金。这可能会是一大笔钱，重点是请记住这些钱是用来支付家庭每日生活所需和长期需要的。你可能需要赡养年迈的父母（自己的父母和配偶的父母），支付孩子教育的费用，以及偿还一些债务。你可以在资金发挥长期作用、满足未来需要上发挥巨大的作用。

· 如果你需要提前计划投资，请寻求帮助。仔细考虑你的需要和状况，如果你不能承担损失金钱，你也不要承担不必要的风险，所以应进行低风险或保守的投资。虽然回报低，但通过投资高回报产品所带来的失去资金的风险，可能会将你的家庭置于险境。请记住，所有的投资产品，包括保险和捐赠，都带有一定程度的风险。

2. 政府援助

我们当中有些人可能没有储蓄或资产可以依赖，如果你需要更多的帮助，政府可以提供一些帮助：

（1）就业援助。新加坡劳动力发展局运营的职业中心，会提供免费的帮助，提供就业培训机会和工作匹配服务，帮助你找到合适的工作。

（2）社区关怀。社会关怀为低收入个人和家庭提供社会援助，根据你的需要和资格，你可得到财务或其他形式的帮助，也可与其他当地社区组织联系获得进一步的帮助。

九、离婚

离婚在感情上难以接受。你自己管理财务问题可能很棘手，尤其当你不是在婚姻中处理家庭财务的那个人时。

你要做的事情可能包括：

1. 整理你的个人财务

清理你与前配偶的联名银行账户，决定是否注销这些联名账户。检查一下你是否有信用卡发放了副卡给你的前配偶，告知银行你是否希望取消副卡。对你们联合承担的债务或贷款进行必要的安排，将共同拥有的财产、投资分开。

2. 支付账单

如果你们曾经使用联名账户支付家庭账单，你可能要重新安排用你自己的账户支付这些账单。

3. 房产问题

如果你曾经与前配偶使用公积金储蓄购买房产，想想你要如何处理。如果你打算出售房产并且已使用公积金基金，你需要向相应的公积金账户退款。决定谁继续居住谁搬出去。

4. 查看你的遗嘱和其他提名

你以前可能已经立过遗嘱，要在过世后将财产的一部分分给前配偶，如果这不再是你的愿望，请更新你的遗嘱。查看你保险单的受益人，如果你希望更改，请联系保险公司询问是否能够更改。请注意离婚并不会撤销你以前公积金提名。如果你希望撤销之前的提名，请联系公积金董事会询问操作信息。

5. 医疗保险和人寿保险

如果你和孩子被纳入你配偶的雇主团体保险计划，一旦离婚你们将不再享受团体保险计划。请考虑为自己和孩子购买医疗保险，还要考虑为孩子购买一些基本人寿保险，当你不在时，保护孩子免受经济损失。至少你可以考虑基本保险（险种）的定期保险。

6. 预算

检查你的预算。无论你工作与否，你可能不得不靠更低的收入生活。如果这样的话，调整你现在的生活方式、注意你的支出很重要。如果你没有制定预算，请别人帮助你仔细地管理资金。

7. 紧急储蓄

尽可能地建立紧急储蓄。根据经验，必须有 3~6 个月的费用作为紧急储蓄。你永远不知道什么时候就需要用到。

8. 投资

如果你考虑自己进行第一次投资，要确保你了解自己的目的、必要条件、个人情况、需要和目标。确定自己知道自己能够承担多大的风险。如果你不能承受资金损失，你可能希望刚开始时保守一些。

9. 帮助单亲家庭计划

如果你难以维持生计，请留意新加坡社会和家庭发展部为单亲家庭提供的各种帮助计划。根据你的需求和资格，你可能收到短期或中期的临时帮助，或者费用补贴，用于支付低收入家庭儿童的保育、幼儿园或托管费用。

十、为退休做准备

我们当中的大多数人认为，为退休储蓄可以等到我们挣得更多的时候，那么就可以储蓄更多。我们可能太过关注现在的消费模式，或者是计划换个更好的房子。但当我们到了四五十岁的年纪，如果有父母需要赡养，有孩子需要抚养，我们可能不会更富裕。

从来没有一个“好”的时间来开始规划我们的退休生活。但是提前开始是有好处的。如果你开始得早，你会有更长的时间范围，那意味着有更多的时间来增加你的储蓄。如果你已经进行了投资，较长时间范围会帮助抵消短期价格浮动对投资的影响。

但是如果你开始的时间晚，你必须要努力的工作来增加退休储蓄。如果你承担不起资金损失，你应该避免较高风险的投资。如果你依然能够就业，你甚至可以考虑延迟退休。

1. 为退休储蓄

你应该如何开始为退休储蓄？

第一步：界定你的退休目标。

问问自己你什么时候想退休，你退休后想要什么样的生活方式。计算出如果你退休后过上自己想要过的生活方式需要多少钱。许多财务规划师通常会建议你的目标是至少能够提取最后的月收入的三分之二。当然，需要注意金额因人而异，取决于每个人想要的生活方式。

与以往相比，新加坡人的平均寿命更长，也更健康了，因此当你计划你的退休生活时，请注意你希望你的储蓄能够支撑多少年，因为你希望避免出现退休基金被花光的情况。

第二步：评估你现在的状况。

计算出到你退休时，你的储蓄账户、公积金储蓄、保险、投资一共有多少钱。在退休之前偿清贷款和债务，尽量减少在你黄金岁月的债务。

如果储蓄和投资中的一部分还需要用来支付孩子的教育这样的目标，请考虑制定一个财务计划，能够帮助你仔细地分配资源满足所有的财务需求和目标。

计算出你期望在退休时的资金和你需要的金额之间的差距，算出你每个月要储蓄多少钱才能弥补这个差距。

还要检查你的保险类别。随着你年龄的增长，医疗费用会迅速增长并可能破坏你的财务计划。如果你没有任何保险，你可能希望考虑购买保险，如残疾、大病、意外和住院。如果你已经购买医疗保险，你应该确定保险覆盖你退休之后的时间，或者研究一下有没有可能，当你达到退休年龄停止支付保费，但仍可享受保险的办法。

第三步：开始你的退休储蓄计划。

制定计划帮助你储蓄或定期投资，来增加你的退休储蓄。

如果你是投资新手，请阅读我们关于投资的内容。在开始考察可供选择的投资产品之前，了解你自己的情况很重要，比如你能支付得起多少投资，你能承担得起多少风险，你能承受损失多少钱。花些时间来选择你了解并且适合你的产品。多样化的投资组合能够帮助你分散风险，平衡投资价值的波动。

新加坡政府制定了“补充退休计划（SRS）”，该计划提供税收优惠以鼓励民众为退休储蓄。

定期监控你的计划，并根据不断变化的需要和风险偏好调整计划。随着年龄的增长，你的风险偏好会下降，保守的投资变得更有吸引力是很自然的。你可能发现你必须要留出更多的钱用于储蓄，或者如果依然能够就业甚至推迟退休。

如果你承担不起资金损失，即使想要达到你期望的退休生活方式，也不要进行高风险投资。相反，考虑一下你希望的退休生活方式，并修正你的期望，过一种在你力所能及范围内可以达到的生活。

2. 精打细算你的退休基金

在退休期间，谨慎管理你的基金非常重要。确保你专注于保持健康和积极的生活方式，要参加社会活动使自己忙碌。

（1）用预算帮助你持续记录你的财务。这将帮助你记录退休收入和支出。你的退休收入可能依赖于投资收入和储蓄存款。如果你的投资收入在数额和时间上都不规律，你可能需要调整你的储蓄存款，保证你有足够的收入。如果你有定期存款，请记住什么时候存款，什么时候转入你当前账户用于日常生活费用。

（2）用预算管理你的支出。如果你支出退休基金太快，找出一些你可以削减的自由支配费用。

以下是一些建议：

· 不要去高档的餐馆喝下午茶，邀请朋友们去吃便当。

· 在当地社区中心参加社会活动。

· 自制礼物或烘焙礼物给你的家人和朋友，而不是给他们买昂贵的礼物。

· 利用公共交通工具，如公共汽车或火车。

· 任何时候都要充分利用老年人优惠。

3. 老年人投资

无论你仍然在筹集退休储蓄，还是已经存够了满足退休后基本需要资金，将多余的钱用来投资，大多数老年人很可能在投资时不能承受损失。

在你投资之前，一定要留出充足的资金用于日常所需和紧急所需。一般来说，你应该避免选择引起本金损失或不容易变现的产品

4. 考虑购买定期固定收入的产品

保持多样化投资组合，选用更保守、更低风险的工具。定期监控你的投资需要耗费时间和精力，所以一定避免进行

增加压力、影响健康的投资。

如果你正在投资，请考虑以下事项：

（1）你的投资目标是什么？

你投资是为了获取固定的收入吗？你投资是为了保存本金总额吗？你投资了一小部分资金用于增加资本或对冲通胀吗？你正在考虑的产品如何达到这些目标？它是补充了投资组合还是增加了更多的风险？

（2）你能承受得起多少风险？

快速了解你的风险状况：你是一个保守的投资者，不能担负得起本金损失？你能否承担高回报产品带来的损失的可能性吗？

如果你的退休储蓄并不是很多，你投资时很可能不能承担太大的风险。如果投资变糟糕，你可能没有充足的时间赚回来。

（3）你投资的时间长度是多少，比如你投资达到财务目标的时间？

一般来说，你投资的时间长度越短，你投资的风险越小。如果你需要在短时间内获得资金，请不要投资那些不能轻易清算的产品或收取未到期取款罚金的产品。

你可能希望将你的投资分配到短期、中期、长期等不同投资期限的产品。如果退休之后，你勉强维持以不同的时间间隔获取资金，你应该考虑在每个期间采用不同的投资目标。你可能要考虑保守的投资或者更容易清算的产品，在短期内满足你的生活费用。随后的目标是通过一些增长对冲可能存在的通胀风险，以及更长时间段的取款需求。

这个办法可能不适用于每个人，所以一定要花费一些精力，认真考虑是否适合你个人情况、风险偏好以及你对各种金融产品的了解程度。你应该评价一下这个产品是否保守、易清算或者是否允许增长，是否适合你的目标。

（4）投资时你拥有什么责任和权利?

如果你是有经验的投资者，你应该知道要避免什么：

· 不要因为别人都在购买而投资“热门精选”或“流行股票”。钻研投资了解其中的风险，在投资之前，确保你对潜在的风险和回报满意。

· 不要投资你不了解或不适合自己的产品。读透投资文件，明白如何产生回报、所涉及的风险，是否有关键条件，以及可能会降低回报的费用和收费。

· 不要被礼物和促销优惠或高额回报的承诺吸引，永远记住，承诺的回报越高，你可能承担的风险越高。

如果你不熟悉英语或难以理解信息，请寻求帮助，你不会是唯一的一个，所以请不要害羞。当你遇到财务顾问时，请他告诉你谁是可以解释信息的人。

（5）定期监控你的投资绩效，以确保它们持续你所期望的回报并满足你的需求。

不时地检查和重新平衡你的投资产品组合，以便它们仍然符合你的投资目标。

十一、为最糟糕的事情做准备

为生活中最糟糕的事情做准备并不仅仅是有充分的人寿保险，它还包括你在世时将你的财务问题安排清楚，当你离世后，你的亲人不必查找你的财产和资金。明确说明你的遗产如何分配，以确保遗产按照你的意愿顺利移交。

1. 遗产规划

遗产规划是指根据你的意愿，在你离世后分配你的遗产，包括你辛苦工作赚来的钱和储蓄；也是指保证你关心的人和事业，以你期望的形式获得你指定数额的遗产。

2. 什么是遗嘱？

遗嘱明确说明在继承你的遗产的人、事业和慈善中间，你希望如何分配你的可移动资产和不动产，可移动资产包括银行存款和保险，不动产包括公寓、商店和房屋。遗嘱是一份书面文件，只有在你离世后才能生效，你可以在有生之年的任何时间修改遗嘱。你的遗嘱需要清楚地说明你的意愿。

当你准备遗嘱时，你可能需要寻求法律上的建议，以确保遗嘱的有效性。你可能还希望指定一名理事，为你的受益人管理你的资产，比如你的受益人年纪小不能处理大量的资金。但是委托需要成本，可能并不划算，除非你的资产需要管理并且你准备支付委托服务费。

3. 如果你没有遗嘱

如果没有遗嘱，你的资产将根据新加坡的无遗嘱法进行分配。

无遗嘱法的规则不灵活，很可能造成分配方式不符合你的意愿。你的资金可能并不能分配给你认为真正需要的人。比如，如果你的配偶和孩子经济上独立，你可能想要将遗产分给年迈的父母、残疾或失业的兄妹、你的孙子女或祖父母。

如果无遗嘱法不能分配给你关心的人或事业，请立遗嘱。遗嘱可以帮助避免你离世后不必要的麻烦。

第6章 

学习更多

学无止境，同样适用于学习理财知识。

一、信贷

做出明智的借贷决策，避免债务陷阱。了解贷款、信用卡、利率和债务管理。

（一）借款适合你吗？

借钱是一项巨大的责任。了解人们为什么借钱，在你借钱之前要考虑什么。

要点

· 无论发生什么事情，你只能借你能还得起的数额。

· 要询问还款计划，并阅读附属细则。

1. 你什么时候应该贷款？

除了借钱用于大额购物外，人们借钱还有其他原因，可以分为两大类：

· 不可避免的事件，如紧急情况、医疗需求或突然的收入损失。

· 可避免的事件，如超支、冲动购买和不必要的开支。

花点时间思考一下你为什么要借钱。如果你主要是为了那些可以避免的事件借钱，那么是时候进行盘点了。

2. 在你贷款之前

借钱是一项巨大的责任。在你借款之前，问问自己这些问题：

（1）你真正需要借多少钱？

即使你有资格获得更大额度的贷款，也只能借用你确定可以偿还的数额。问问自己：我需要它吗？我是不是应该先存钱？除了我所有的其他贷款和开支，我能负担还款吗？

（2）你打算如何偿还贷款？

即使你的情况发生变化，也必须按时全额偿还所有贷款。如果你的工资被扣、失业、配偶失业，你还能偿还贷款吗？

为了确切了解自己的支付能力，你应该评估一下当前的财务状况：

（1）看看你在留出一些储蓄、每月的开支、现有贷款后，你还剩下多少钱。

（2）留出应急基金。如果发生任何事情，至少有3~6个月的收入储蓄应对。

（3）建立一些缓冲，将支出增长的可能考虑在内。

3. 你能还得起吗？

在借款之前要了解还款计划、总借贷成本（包括应付利息总额）。要阅读细则。你应该考虑：

• 波动的利率——利率可能会上升。即使很小的增长也会使你支付的总金额产生很大的差异，尤其是浮动利率贷款。

• 贷款期限——长期贷款成本更高。对于相同的借款金额，长期贷款的应付利息总额将高于短期贷款的利息。

• 可负担性——在选择贷款期限时，要考虑自己满足每月还款的能力。

4. 你能借更短期限的贷款吗?

更短贷款期限意味着，以一样的利率借出相同的金额时，你可以节省更多的利息。

例如，50000 元车贷，年利率是 6%，表 6–1 列出选择 5 年、6 年或 7 年期限你要还款多少钱。

表 6–1 5 年、6 年、7 年还款额对比 单位：元

贷款	7 年贷款	6 年贷款	5 年贷款
还款期数（A）	84	72	60
月还款额（B）	731	829	967
总还款额（A × B）	61404	59688	58020
节省的利息（与 7 年比较）	—	1716	3384

5. 借款后

借款后你应该：

· 按时足额还款，以避免任何罚金或额外利息。

· 如果你有余款，请尽早偿还部分或全部贷款，比如说发奖金或工资涨了，但要查看是否有提前还款的罚金。

· 定期检查债务。

· 避免借太多种类的贷款，因为难以跟踪记录。

（二）你能向谁借钱?

在借钱之前，要确保你正在和有贷款许可的实体打交

道，了解你要注意什么、保护自己有哪些方法。

要点

· 保护自己，只与有执照的金融机构或放债人交易。

· 如果不能确定，请在官方注册机构中查找你的贷款人。

1. 从金融机构和放债人处借钱

在新加坡，金融机构和放债人受到监管，必须遵守某些法律。如果你从一个人那里借钱，要确保他们是被许可的。

银行和金融公司——在新加坡金融管理局查看许可的银行和金融公司名单。

持牌放债人——查看放债人登记处的持牌放债人名单。放债人必须：

· 获得放债人登记处的许可。

· 遵守法律，包括保护借款人的保障措施，如对贷款金额、利率和费用的限制。

2. 切勿向无执照的放债人或高利贷者借款

处理高利贷者的最佳建议是根本不和他们打交道。如果你还款时间晚了，你和家人可能会受到骚扰或伤害。

（三）了解贷款的类型

在借贷之前做个调查，了解贷款的不同类型、他们的特点和成本。

要点

- 贷款可以是无担保，也可以有抵押担保。
- 无抵押贷款利率较高。
- 定期贷款有固定的还款期，而循环贷款则根据使用情况偿还。
- 你的资产可用于偿还违约贷款。

1. 担保贷款和无担保贷款

担保贷款和无担保贷款之间存在一些重要差异，如表6–2所示：

表 6–2　　担保贷款与无担保贷款

担保贷款	无担保贷款
· 财产等资产作为抵押品抵押给贷方 · 如果抵押品的价值低于贷款金额，借款人可能需要补充更多资产或支付部分未偿还贷款金额 · 如果贷款未偿还，资产可能会被贷方收回并出售以偿还贷款 · 例子：房贷、车贷	· 资产不作为抵押品抵押 · 利率往往更高 · 例子：信用卡、透支、个人信贷额度

2. 定期贷款与循环贷款

对于定期贷款，你必须在贷款期限内分期偿还贷款。如果你违反贷款协议的条款，银行可以召回贷款。定期贷款通常金额较大，还款期较长。例如，房贷、车贷和教育贷款。

循环贷款，允许你在需要时使用最大信用额度的贷款。一旦你偿还欠款，可以再次贷款。例如，银行透支、个人信用额度和信用卡。

定期贷款和循环贷款的主要特征如表 6–3 所示。

表 6–3　定期贷款和循环贷款

特征	定期贷款	循环贷款
贷款期限	固定	短期循环
收取的利率	一般低于循环贷款	一般高于定期贷款
利率类型	固定或可变	固定或可变
能否按要求召回	不能（除非违约）	能
还款后能够再次贷款	不能	能
固定分期付款	是的	不是
能否随时还款	不能	能

（四）贷款成本：固定利率、月息和实际利率

别看广告的利率，了解不同类型的贷款，了解什么因素会导致你最终支付的利息是多少。

要点

- 贷款不是免费的，必须要付利息。
- 通常情况下，长期贷款的利息比短期贷款的利息更高。
- 比较不同贷款的实际利率，以获得最优惠的利率。
- 在注册前查看还款计划。

在申请贷款之前，请考虑要支付的利息。除了利率外，还要考虑因超期还款或不还款而产生的手续费、法律费和其他费用。

请记住，对于相同数额的贷款，长期贷款所支付的利息要高于短期贷款。

1. 如何计算利率

并非所有贷款都以同样的方式运作。了解固定利率和月息率，以及它们如何影响利息计算。

（1）固定利率。根据固定利率，支付的利息按照原始贷款金额计算。尽管你的未还贷款会随着时间的推移而减少，但每月的利息始终保持不变。

固定利率通常用于汽车贷款和个人定期贷款。

（2）月息率。根据月息率，利息按照贷款尚未偿还的金额计算，当你每月支付的贷款未还金额减少，利息也会减少。

月息率主要用于房贷。

（3）固定利率与浮动利率。对于固定利率的月息率，利率在一段时间内保持不变，称为锁定期。对于浮动利率，利率可以上下移动。如果利率上升，你的利息支出将会更高。在决定你是否可以负担贷款时要考虑到这一点。

（4）实际利率（EIR）——贷款的实际成本。贷款的真实成本称为实际利率（EIR），由于计算利息方式的原因，实际利率可能高于广告宣传中公布的利率。

· 对于固定利率贷款，实际利率高于公布的利率，因为在整个贷款期间，利率都是基于原始贷款金额计算的。

· 对于月息贷款，广告公布的利率与实际利率相同，因为利息是根据不断减少的未还贷款余额计算的。

另请注意，还款频率也可能影响实际利率。两种相同数额、利率和期限的贷款，还款频率高、每次还款额度小，与还款次数少、每次还款额度大的相比较，前者的成本要高于后者。

2. 比较贷款

向银行询问广告宣传的利率和实际利率，你可以比较不同贷款的实际利率，以找出哪一个成本最低。

实际利率越高，你支付的利息就越多。

但是，你可能并不总是希望选择实际利率最低的贷款，比如你打算提前偿还，就可以选择较高实际利率但不会有提前还款罚金的贷款。

3. 咨询还款计划

抛开利息不谈，在选择贷款期限时，你还需要考虑自己每月还款的能力。

一般来说，较短的贷款期限意味着整体利息较少，但每月还款额度较高（反之亦然）。你是否能够保持整个贷款期间的还款?

为了帮助你做出决定，请向银行咨询还款计划，它将帮助你了解总借贷成本（包括应付利息总额）。

4. 其他贷款成本

贷款可能会带来其他费用、手续费、服务费和第三方费用（如表 6–4 所示），你可能需要将这些因素考虑进去。

表 6–4　　　　其他贷款成本

手续费和服务费	为什么收费
处理费	处理贷款申请（通常在贷款批准前收取）
修改费	修改原始贷款申请表
取消费	在申请贷款成功后不接受贷款或减少贷款额度
超额费	超过原始贷款数额
逾期还款费	在贷款到期后没有全额偿还
违约费	未能按时还款
提前还款费	早于原计划还清全额或部分金额

（五）贷款担保人

作为贷款担保人意味着什么？在决定是否承担之前，了解担保人应承担的责任。

要点

· 如果你同意成为某人的担保人，如果他无法自行偿还贷款，你将不得不偿还他的债务。

· 同意成为担保人是一项严肃的承诺。在同意之前要仔细考虑，并在需要时寻求法律建议。

· 如果你无法偿还债务，你的信用报告将受到影响，将会影响你将来借款。

1. 什么是担保人？

如果借款人违约，担保人是同意负责支付贷款的人。例如，如果你是某人装修贷款的担保人，你最终可能会为他偿还贷款，也就是你实际上支付了他公寓装修的全部费用。

担任担保人是一项严肃的承诺，这可能意味着你：

· 必须代表借款人偿还债务。

· 将来可能无法从借款人处收回款项。

· 如果延迟还款，你有责任承担进一步的费用、法律费用和利息。

· 在贷款人明确解除你的责任之前，你将承担所有未还债务和未来预付款的责任。

· 贷款人可能会首先对你采取行动，而未必对借款人采取行动。

2. 担保人的承诺

仔细阅读文件，确保你了解所有的承诺。即使需要几天时间，也要花时间阅读和理解它们，要求贷方解释你不理解的任何条款和条件。

（1）主债务人条款——这些条款使担保人承担了如同自己借款一样的责任，因此，即使借款人可能逃避还款责任，你仍将承担责任。

（2）按需付款——贷款人可以向你寻求还款，而无需证明他已试图从借款人那里收回债务。当贷方提出要求时，你必须付款。作为担保人，如果延迟付款，你将承担进一步的费用、法律费用和利息。明确贷方将提出什么需求，如果不确定需求的内容，请快速联系贷方。

（3）重组——贷方可以自行决定重组贷款，但这并不能解除你的担保人责任。

（4）持续担保——担保借款人的所有未偿还债务以及借款人的未来预付款、总体限额加上利息、贷方的费用和成本。在贷方明确解除你的责任之前，你将对此负责。

（5）从属关系——在贷方首先收回贷款之前，你可能无法对借款人采取行动，担保人只能在贷款人处理结束后才能对借款人采取行动。你不能从借款人那里获取可能损害贷方权利的担保或抵押来保护自己。

（6）并行补救措施——贷款人可以对你采取行动以收回贷款，而无需先对借款人采取行动。贷款人也可以在针对借款人的任何诉讼的同时对你采取行动。

（7）抵消——如果担保人持有储蓄账户，贷款人可以扣除担保人的存款以抵销债务。

3. 如果你无法偿还债务

如果你无法偿还债务，将会产生严重后果。你的信用报告将受到影响，即使贷款最终得到解决，你将来也可能难以借款。

如果违约金额在10000元或以上，你可能会被迫申请破产程序。破产人面临许多限制，包括限制贷款、从事商业和出国。

在同意作为担保人之前，你一定要好好考虑，你能不能还得起，是否愿意偿还某人的债务？借款人能不能还得起债务？你的责任是什么？联合担保人的责任和权利是什么？

（六）了解信用卡

信用卡可让你借入卡上设定的信用额度，但不应用作长期信贷工具。了解信用卡的工作原理、明智地使用卡片的建议、信用卡利息和其他费用、滚动余额的后果，以及如何避免盗窃和欺诈。

要点

· 信用卡可让你先购物后付款。

· 忘记还款可能导致巨额利息和滞纳金。未还清的信用卡债务可能会滚雪球般失控。

· 延迟还款或忘记还款将损害你的信誉。

· 像保护现金一样保护你的信用卡，确保安全。

1. 什么是信用卡？

信用卡是一种借款形式，允许你借入最高为信用卡信用额度的数额。无论使用信用卡收取什么费用，都称为未付或未付余额，它代表了你的欠款数额。

你可以一次性全额还清、偿还部分款项或每月支付最低金额。但是，余额部分和任何新的交易额将收取高额利息（每年 25% ~29%）。

如果你有信用卡，你可能知道它多么有用，以至于常常忘记：

· 信用卡是一种借贷形式。

· 如果未全额偿还，未结余额会产生高额利息。

因此，虽然信用卡便于无现金支付货物和服务，但不应将其用作长期信贷工具。

2. 主要特点

信用卡的主要特点包括：

（1）年费。这是你使用信用卡时必须支付的会员费。

（2）月结单。银行将每月向你发送一份月结单（即账单），其中包含你当月信用卡消费的详细信息。仔细检查你的月结单，跟踪记录你的花销。如果有任何不清楚的交易，通知银行你无法识别的交易。

（3）付款到期日，是银行必须收到你全额偿还信用卡金额的日期，以避免产生利息和滞纳金。

（4）外币交易。你的海外购物将在你的账单中转换为新加坡元。外汇汇率可能每天都有所不同，也可能因银行而异，通常包括货币兑换费或其他行政费用。请向银行查询费率。

（5）截止日期前的免费信贷期。当你每个月收到信用卡账单时，在银行开始收取利息和滞纳金之前，你有 20~25 天的时间还清款项，这段时间被称为免费信贷期。

（6）最低还款金额。偿还最低金额意味着余额部分将产生利息费用。最低还款金额通常为未付余额的 3% ~5%，或指定金额，例如 50 元，以较高者为准。

如果你不支付最低金额，会发生什么？

如果你连续 2 个月没有支付最低还款金额：

· 你将不能获得新的无担保信贷额度。

· 你的逾期信用额度也将被暂停。

· 逾期付款也可能会对信用机构的信用评分产生负面影响。

（7）未付余额的利息费用。如果你只偿还部分款项或仅偿还最低金额，未付余额部分将收取利息，任何新的购物款项也将支付利息。

（8）礼物和奖励。当你使用信用卡消费时，你可能会获得礼品、返现和奖励积分。比较奖励积分的计算方式，因为不同的银行有不同的奖励计划，可能适用于具体条款和条件，比如你可能无法在申领礼品后的一年内取消你的信用卡。

3. 信用卡分期付款计划

当使用信用卡分期付款购买商品时，你必须全额还清。这意味着即使商家破产，你也必须继续支付每月分期付款，直到全部还清为止。

· 内部分期付款计划：商店向客户提供的扩展信贷。在此计划中，如果客户未能支付分期款项，商店通常可以收回商品。

· 分期付款计划：信用卡作为信用卡发行商和商家之间的交易媒介，此计划可以刺激客户使用该信用卡。

4. 申请信用卡

你可以向任何信用卡发卡机构或银行申请信用卡。如果你的申请被接受，你将收到一张具有固定信用额度的卡片。

在此之前，信用卡发卡机构或银行将通过审核你的信用报告来评估你的收入和还款能力。查看你的信用报告，看看它是否准确。

你有时会在路演和购物中心看到信用卡推广，虽然信用卡推销员可以帮助你填写表格，但最终发出申请表的决定权在你自己。

5. 资格和信用额度

要申请信用卡，你必须符合银行的资格要求，包括最低年收入 30000 元。即使你符合资格标准，你也必须遵守新加坡金融管理局关于无担保信用额度的规定。

提示：

· 即使是免费的，也不要申请超过你需要的信用卡。根据你的需求和还款能力限制信用卡的数量，并取消不使用的卡片。

· 借记卡将限制你的支出不能超过银行账户余额，如果你没有信心控制支出，那么它是信用卡的一个很好的替代品。

6. 如果丢失了信用卡或怀疑被骗

如果你的信用卡丢失或被盗，或者有未经授权的交易，请立即致电银行。

在你的信用卡交易中设置短信提醒，以便在你的信用卡收费超过一定金额或在海外使用时通知你，并请注意消费时间和日期。

7. 信用卡利息

信用卡的好处是如果你在到期日之前全额支付信用卡账单，则无需支付任何利息。

但如果你无法支付信用卡账单，你需要知道：

· 利息是按照未付还款额计算并每日收取的。

· 在还款日没有付清的利息也将在下一个还款周期产生利息。

· 在信用卡额度没有全部还清之前，任何新的购物额度都将收取利息。

简而言之，账单上的任何未付金额将转入下一个账单，并在此基础上收取利息。债务很容易滚雪球般失控。

假设你有一张 5000 元的信用卡账单，利率是每年 25% 的固定利率，每月最低还款额度是 50 元，表 6–5 解释了当你只支付最低还款额度时会发生什么。当债务还清的时候，你已经几乎支付了最初债务三倍的金额，并用了 14 年以上的时间。

表 6–5　“滚雪球”的债务

最初债务	5000 元
每月最低还款额度	50 元
逾期未偿债务利率	每年 25%
还清债务所需时间	175 个月或 14.5 年
最终支付总额	13500 元（接近最初债务的三倍！）

8. 逾期费用和财务费用

如果你在到期日前没有支付最低还款金额，银行可以收取滞纳金和财务费用。这笔款项将在下一个账单日产生利息。

无论账单多少，滞纳金通常都是 100 元。

9. 底线

偿还信用卡用的时间越长，你最终需要支付的利息就越多。因此，请使用信用卡支付短期付款，而不是长期贷款。

10. 信用卡的其他费用

即使你每月全额支付信用卡账单，使用信用卡也可能会被收取其他费用。这些包括：

· 卡片更换费用：如果你丢失了卡片并需要更换新卡。

· 现金垫款 / 提现费用：从信用额度中提取现金所要收取的费用。

·国际交易费：信用卡让你更容易在海外和网上购物。但是，你应该了解与海外商家进行交易所需的许多费用。

（八）信用报告和信誉

银行在向你提供贷款之前可能会要求你提供信用报告。了解信用机构、信用报告和可能影响你的信用评分的事物。

要点

- 银行可能会使用你的信用报告来评估你的财务状况。
- 每次违约或延迟付款都会在你的分数上留下标记。
- 学习良好的使用金钱的习惯，以获得好的信用报告。

1. 什么是信用局？

信用局是一个收集和存储你信用记录信息的机构，例如贷款、信用卡申请和还款记录。

信用报告中的信息由银行、信用卡公司等信用局成员提供。

2. 什么是信用报告？

信用报告是从你的所有银行收集的、信用支付历史记录的汇编。它由信用局向银行、金融公司和信用卡公司等咨询你信息的机构发布，你也可以向信用局索取报告副本。

信用报告包括以下信息：

• 基本个人资料数据（不包括联系地址和电话号码）。

• 对你进行的所有信用检查的记录。

• 过去 12 个月的信用还款趋势，包括信用卡账单的延迟付款。

• 违约记录（如果有）——从上传到信用局的日期开始显示。

• 破产记录（如有）——自宣布破产之日起显示 5 年。如果你能够全额偿还债务，破产令将被取消，破产记录将立即被删除。

• 已关闭或终止的信用账户——自报告账户关闭或终止之日起显示 3 年。

• 汇总未结余额。

• 汇总信贷限额。

3. 信用报告的重要性

报告中的信用评分显示你偿还债务的可能性。

银行将通过查看信用评分来评估你的信誉。当你申请贷款和信用卡时，该分数可帮助他们做出更好的贷款决策。

良好的信用还款历史使你将来更容易获得贷款和信用卡资格。

4. 影响信用报告的因素

许多不同因素可能会影响你的信用报告：

• 你现在拥有的信用额度，包括已经开立的账户数量或你的信用卡活跃账户。

• 信用历史记录。历史悠久的信用记录显示出你是可靠的借款人。

• 查询活动。太多新的申请或查询显示你正在尝试承担更多债务。除非你需要，否则不要申请新的信用卡。

• 最近的信用——如果你在短期内获得了多张新的信用卡，你可能会过度扩张自己。

5. 如你不认可你的报告

如果你发现错误或不认可信用报告中的某些信息，请写信给信用局。信用局将：

• 与提供数据的银行交谈。

• 在你的信用报告中发布通知，表明数据存在争议并且正在接受调查。

• 告知你结果。

如果对你的信用报告进行了任何修改，请将修改后的报告发送给在过去三个月内查询过你的信用报告的所有银行。

6. 保持良好信用评分的建议

• 全额支付所有未还的信用额度。

• 始终跟踪记录付款到期日，并记得在此之前付款。

• 避免过多的信贷。当你拥有较少的信用卡时，可以更轻松地跟踪你的还款情况。

二、保险

了解保险以便获得所需的保护。了解如何计算你的保险需求并了解不同的保险产品。

（一）保险基础知识

保险为你、你的家人和你关心的事情提供保护，避免财务的损失。学习保险如何运作、需要注意什么以及为什么在购买保险之前要比较。

要点

· 当发生某些事情时，保险可以帮助你弥补损失。保险所承保的内容取决于具体的保险单。

· 了解你的保护需求。

· 在承保范围和可负担性之间取得平衡——只购买你需要的产品。

1. 保险的目的

保险旨在保护你、你的家人和你关心的事物。你购买的保险不仅取决于你想要保护的内容，还取决于你能负担的费用。

一些保险是必需的，在大多数情况下，没有车险你就不能开车，没有火险你就不能获得抵押。

2. 保险的类型

保险主要有三种类型，如表 6–6 所示：

表 6–6　保险的类型

保险类型	目的	示例
人寿保险	为你的家人（在你死亡或永久性残疾时提供经济支持）	· 定期人寿保险 · 全寿险 · 家属保护计划 · 家庭保障计划
	为你的储蓄和投资	· 捐赠条款 · 投资相关条款
	为退休期间的固定收入	· 公积金人寿年金
医疗保险	为你自己（支付重大疾病或意外事故的医疗费用）	· 医疗保障险 · 私人综合保护计划 · 重大疾病、残疾收入、老年人计划
一般保险	为你自己和财产	· 车险 · 旅行险 · 财产险 · 工伤赔偿险

3. 保险如何运作？

（1）评估你的需要，选择险种。首先要问自己一个问题，你真的需要保险吗？如果你不确定，查看一下你现有拥有的东西——工作、生活、家庭和你为之努力工作的一切。如果某些未知的事情发生在你身上，你想要保护哪个部分？你的答案能够引导你选择需要的保险类型。

你的保单是一份合同，上面列出你想要保护的名单。

例如：

· 养家糊口的人去世；

· 永久性残疾；

· 重大疾病；

· 财产损失；

· 车辆损毁；

· 房屋损毁。

（2）支付保费。保费是你支付给保险公司的金额，可以按月、季度或年度支付。旅游险是一次性支付。一般来说，按年度支付保费，比按月或季度支付花费少。

保费的金额取决于你投保事物的风险和潜在的价值损失，例如，如果你过早地离世，你可能想要你的家人继续领取你的月收入，这样的保险单将要为此收益花费更多。

（3）提出索赔。如果保险单所涵盖的某些事情发生，你可以向保险公司索赔，告诉保险公司发生了什么，他们将会进行调查，如果索赔符合你的被保护范围，他们将按照协议向你付款。

4. 购买保险之前需要注意的事情

在购买保险之前，你要确保通读保单，了解你所购买的产品。

（1）你能买得起吗？

人寿保险是一份长期的合同，确保购买你所需要的和买得起的。如果保单不能满足你的预期，或者在你最需要的时候不能给予足够的支持，将会是一个花费巨大的错误。

一些人寿保险单会随着时间的推移积累现金价值，如果你在未到期之前取消或放弃保险，应该支付给你的现金价值可能为零或者少于你所支付的保费。

记住，你将会有其他的支出或财务行动，如果不能保证按时交保费，你的保险可能会失效或者被中止。

（2）它是一个捆绑产品吗？

一些人寿保险产品，比如全寿险或捐赠险或投资相关计划，通常会捆绑一些储蓄或投资产品，即大家熟知的捆绑产品。如果覆盖内容相同，他们的费用会高于单纯的保险产品。

如果你不需要现金价值积累，或者喜欢投资别的金融产品，那么就只购买保险。

如果你想购买具有投资特点的保险，首先要确定它能满足你的保险需要，你的部分保费用于支付保险，剩余保费

（在扣除一些相关费用后）用于投资。

如果你希望保费低一些，不要接受较低的保险范围以换取现金价值作为回报的产品，否则你的家人可能不能被充分保护。

（3）短期保单怎么样？

一些保单可能是较短期限或者到期后续约，这类保单可能无法保证自动续约。你也可以不用跟同一家保险公司续约保单，考虑一下这类保单是否充分满足了你的需要，到处打听一下，看看能不能找到更好的保险。

（4）你能更改保单吗？

如果你正在考虑更换一种人寿保险或医疗保险，要确保新的保单覆盖你之前保单的所有同类情况。

如果自打你购买原来那份保险后，你的健康状况就变坏了，在终止原来的保单之前，检查一下看看新的保单中，你现在的医疗和健康状况是否被排除在外。

（5）你知道你在签什么字吗？

永远不要在空白或没有完成的表格上签字。

警惕口头承诺和高回报的保证，在确定购买产品之前坚持书面确认。

（6）你填报的都准确吗？

你一定要在填写表格时填报你的详细真实信息，如果你不确定表格中的某些东西是否必须要填写，请咨询保险公司人员。如果你的标点使用错误或者是缺失信息，在签字之前要立刻要求修正文件。

不要接受一份有错误或缺失信息的保险单，它可能会导致保险单失效，当你索赔时保险公司将不会赔付。

如果你需要告知他们你的情况有所改变，请咨询你的保险公司。

5. 购买之后：14 天免费审查期

在你购买保险之后（除旅行、车辆和服务险外的任何保险），你有至少 14 天的自由审查期或冷静期，来重新检查。自由审查期从你接到保险单的那一天算起。

仔细地通读文件，看看保险单是否符合你的要求。

如果你决定不参加保险，在冷静期内告知保险公司取消保险单，保险公司将退还你所有的保费，需扣除掉医疗费和其他费用。对于与投资有关的保险单，保险公司可能会就保险单的市场价值做出调整。

如果你购买的保险有自由审查权，请一定要仔细查看。

6. 索赔

知道如何提出索赔是好事，以防万一。咨询你的保险公司或访问保险公司网站，了解其运作方式。根据索赔的类型，所需的文件通常包括：

· 一份完整的索赔表格。

· 身份证明。

· 支持文件。

一旦你提交了文件，保险公司将开始索赔程序，并就结果提出建议。对于某些类型的一般保险，保险公司可能任命一位损失调查员来调查案件。

7. 如何避免高压销售

如果你不希望接到电话推销员的商品或服务电话，请告知你的保险公司，将你的联系方式的详细信息放在“请勿拨打电话”列表中。

什么是高压销售?

当有人使用高压策略向你推销产品时，通常会持续很久并且在财务建议中夹杂着产品销售，你可能会在公共场合遇到这种情况，比如路演、超市或车站。

如果你感到被压迫购买某些你不确定需要的东西，你可以走开。即使销售代表花了很多时间向你解释产品，你也没有义务购买。

高压销售的迹象包括:

· 如果你立刻注册，你可以免费获得最新款的相机!

· 你可以获得 10% 的年度回报并享受许多其他福利。

· 这款产品现在是限时特价，你会错过的!

·很多人已经注册了，你还在等什么？

当它听起来是个不错的交易时，它可能不是适合你的理财产品。

这有一些应对高压销售的建议：

·要求出示身份证，获取此人的姓名、联系方式、所在公司和他们接近你的目的。

·如果你不需要产品，坚定地告诉他们你不感兴趣并结束谈话。

·如果你不理解产品，不要注册。向你信赖的、了解更多信息的人寻求独立的建议。

·谨防那些只宣传产品优势的销售人员，阅读印刷品细则并尽可能多地询问你需要的问题，比如关于风险、费用和收费。

8. 购买之前先比较

你应该在决定购买人寿产品之前进行比较。比较新加坡零售市场上的人寿产品的保费和特征，比如你想覆盖的内容、保费类型和期限、疾病类型等。

建议：不要仅凭保费一项来购买保险产品，也要考察产品的好处、特征、覆盖范围，并且评估一下是否符合你的需要。

（二）评估你的保险需要

你想保护什么？了解如何评估和选择合适的保险产品，

并估算你需要多少保险。

要点

- 了解如何评估你的保护需求。
- 如果你只需要生活得到保护，可以购买定期保险。
- 了解还有什么其他类型的保险可以满足你的需求。
- 知道你能买得起什么。

1. 你的保险需要是什么？

如今，为各种风险投保成为可能，但可能没有必要，找到合适的保险产品需要两点：一是要知道你想要保护什么；二是要了解如果事件发生，你将需要承担多少财产损失。

表 6–7 是三种类型的保险以及它们能够提供的帮助：

表 6–7　　三种类型的保险

人寿保险		
担心的事情	**考虑的保险类型**	**它如何提供帮助**
养家糊口的人去世	人寿保险	如果你去世将向你的家人提供一些补偿金
永久性残疾	人寿保险	如果你遭受永久性残疾，将向你和家庭提供一些补偿款
抵押贷款者、房屋贷款的主要借款人死亡	抵押贷款减免期限险（人寿保险的一种）	如果抵押人去世，可以还清所有抵押贷款

续表

医疗保险		
担心的事情	**考虑的保险类型**	**它如何提供帮助**
创伤或大病	重大疾病险	支付首次诊断为严重疾病时的部分费用或一次性费用
重大疾病或事故的医疗费用	医疗费用险	如果你生病或遭受意外事故受伤，医疗费用险将支付部分医院收费和手术费
长期残疾护理	长期护理计划	被保险人无法进行一些日常活动，如洗澡和穿衣，保险公司每月支付固定的费用用于长期治疗
因住院造成收入减少	住院现金险	如果住院将提供收入
一般保险		
担心的事情	**考虑的保险类型**	**它如何提供帮助**
财产损失或丢失	家庭财产险	如果你的房屋及所属物遭受损失或丢失，支付维修或更换的费用（出租房屋除外）
车辆丢失或损毁	车险	如果你的车丢失或损毁，支付维修或更换费用
房屋受损	火险或房屋险	因火灾、洪水或入室盗窃等遭受房屋损失，支付维修或更换费用
旅行时行李丢失、延误、医疗费用	旅行险	如果财物丢失或损毁，支付维修或更换费用，支付因延误或取消而导致的财产损失，支付因个人海外意外相关费用，包括医疗和遣返费用
保护宠物	宠物险	支付兽医账单，如果宠物丢失，支付广告费用，如果突然住院，支付猫舍、狗舍费用

2. 多少保险足够？

决定需要什么保险前，列出你可能遇到的危险或事件，评估事件发生的可能性以及你和家人将要承受的财产损失。

思考你如何弥补经济损失，新买一块手表来取代丢失的那一块很简单，但是如果你没有储蓄或保险来支付费用，高额的医院账单可能会使你的退休目标受挫。如果你已经购买了保险，检查一下看看是否覆盖你所担心的风险。

记住你不需要为所有的事情购买保险，只需要保护你的财务状况或财务目标。

（三）了解人寿保险

人寿保险有助于保护你和家人免受经济损失。找出你需要人寿保险的原因，评估你应该购买多少保险。

要点

· 了解人寿保险是什么，在发生死亡或完全永久性残疾时保险如何提供财务损失保护。

· 获取一些关于如何评估需要购买多少人寿保险的建议。

· 有些产品有投资部分可以帮助你建立储蓄金，但它们的成本更高。

· 如果你只需要保护覆盖，请考虑定期保险，其成本更低。

1. 你为什么需要人寿保险？

我们购买人寿保险的主要原因是为了保护——当我们去世或完全永久性残疾等紧急情况发生时，它可以提供财务支持。

一些人寿保险产品会捆绑一些投资产品销售，它可以用来作为你的退休收入，或者为你的亲人储蓄，但是花费较多。

人寿保险单是你与保险公司之间的合同。保险单为你提供收益作为回报，但你需要在约定的期限内支付保费。

有两大类产品：

· 定期保险，有时称为非捆绑产品，因为它们在固定的时间段内为你提供保护，而没有任何投资功能。

· 捆绑产品，指的是终身险、捐赠险以及投资与保险捆绑在一起，既提供保护又提供投资。

2. 评估要购买多少保险

购买人寿保险是一项长期承诺，它需要花费时间来评估你需要什么以及你能负担得起什么。

从评估要购买多少保险保障开始，如果你还希望为财务目标进行投资，则要评估你想留存多少存款、用多长的时间达到目标（即你的投资期限）。

你的保护需求：你想要保护什么？有多少家人？他们成人、有独立生存能力还需要多少年？有父母需要赡养吗？你有多少债务？孩子的教育需要多少钱？你现在有没有存款？

你的储蓄和投资目标：你的财务目标是什么？为孩子的教育付费还是存钱养老？你需要多少钱？什么时候需要？你还有其他的储蓄或投资吗？

负担能力：你能付得起保费吗？如果你不能按时支付保费，保险可能会失效或被中止。在购买之前考虑一下你的职业情况是否会发生改变，收入是否会受到影响。

3. 购买之前

在购买保险产品之前，你需要做几件事：

提供所有申请表中要求提供的个人信息以及保险公司要求的其他细节。检查表格是否完整，如果有任何的不准确或错误信息，不要签字并要求立刻修正。如果有任何错误或信息缺失，保险单可能会无效，要确保你对申请表中的信息完全满意。

确保你了解产品。仔细阅读保险文件并提出疑问，如果你需要更多的时间，可以将文件带回家阅读。在购买之前，要求保险公司解释一些问题，如：解释所有的计算，保单是否有排除在外的情况，是否需要透露现有的医疗状况和医疗史，等等。在购买之后，要询问保险公司如何索赔、如何评估等。

注意事项：绝不要在空白或不完整的表格上签字。不要向保险公司销售代表开出支票，要直接支付给保险公司。不要支付现金，如果需要支付现金，确保你收到有效的收据。警惕口头承诺和高额回报的承诺。在购买产品之前坚持书面确认。

4. 你要付多少钱？

你要支付的保费取决于保障范围和你想获得的财务回报，或两者的组合。在决定购买产品类型和承保范围时，请花些时间考虑一下你能否负担得起费用。

你还应该考虑时间期限，考虑你现有的储蓄能否应对突发的财务需要。

5. 你的责任

请务必查看报表，阅读保险公司发给你的信件。如果有任何不明白的地方，请立即向保险公司咨询。

（四）了解医疗保险

如果你受伤、生病或残疾，医疗保险将帮助你支付医疗费用。了解医疗保险涵盖的内容、工作原理以及你需要投保的原因。

要点

- 在发生伤害、疾病或残疾时，医疗保险帮助支付医疗保健费用。
- 所有新加坡人都享受大病医疗保险，这是一项基本的政府医疗计划。
- 免赔额和共同保险有助于保持你的保费。
- 确保确切知道自己的保险范围和赔付金额。

1. 什么是医疗保险？

医疗保险可帮助你在生病、受伤或残疾时支付医疗费用。所有新加坡人都受到大病医疗保险的保护，这是一项基本的政府医疗计划，能够覆盖大部分医疗费用。除了必须处理大笔医疗或医院账单外，你在康复期间可能不适合工作而没有收入来源。

一些医疗保险计划将为你提供现金支付，其他计划则帮助支付治疗或护理费用。

保险有短期保险和长期保险，未经你的同意，长期保险不得终止。对于短期保险，保险公司可以终止你的保单，但需要提前通知你。

请务必购买符合你需求的保险。请注意，新保险可能无法为你提供与以前保险相同的保险范围。

2. 了解你在为什么付费

某些保单中的条款可能会影响你的索赔，找出它们到底是什么。

医疗保险很少100%承担你的医疗费用，大多数保险，如免赔额和共同保险的保费都保持在你能够支付得起的程度，这就意味着你要自行承担一些医疗费用。

所以你一定要确切了解你的保险范围和赔付金额。

首先要了解可能影响你的承保范围和索赔的保险条款：

（1）保费。为取得医疗保险的保障，按保险合同约定支付的费用，称为保费。保费可以一次性支付，也可以分期支付，每个月、每季度或每年支付较少的金额。

医疗保险的保费通常会随着年龄的增长而增加，而且可能会因投保人健康因素的改变而有所变化。当索赔过多时，保险公司可能选择不续保或收取更高的保费。

在购买保险之前，请确保你能够负担得起长期支付保费。如果你无法支付保费，你的保单可能会失效，你将失去保险。

（2）免赔额和共同保险。免赔额是你在由医疗保险支付之前，必须自己支付的医疗费用。通常你只需要在一个保单年度支付一次免赔额。

保费较低的保险通常有较高的免赔额。支付免赔额后，你可能仍需支付共同保险或共同支付费用。

共同保险是指你在支付免赔额后，与保险公司共同支付或分摊的医疗费用，通常以百分比表示，例如，如果你拥有10%的共同保险，你将在支付免赔额后支付 10%的费用。

（3）索赔限制。你可以提出的索赔是有限制的，会以疾病、残疾种类，或时间范围为限。

（4）福利。对于医疗费用保险，拥有更多保单并不一定能为你带来更多福利，因为你只能申请实际支出的医疗费用，决不会向你支付超过你实际支出的医疗费用。

（5）年龄限制。一些医疗保险为你提供终生的保险，而其他保险则涵盖固定期限或一定年龄阶段。选择适合你需求的产品。

新加坡大病医疗保险没有年龄限制，它涵盖了你的生命全程，并且没有最初参加保险的年龄限制。

新加坡政府将在2020年推出的一款保险（CareShield Life），也没有最高年龄限制，但它的最低参保年龄为30岁，因为它旨在为老年严重残疾提供基本保险。一旦注册参保，该保险也会为你提供终身保障。

私人保险计划可能有年龄限制，一旦达到一定年龄，你就不能参保。

（6）免赔。所有的私人医疗保险都有一些免赔的事项，比如在参保之前的疾病、残疾不在参保范围内。

你在申请表中必须要提供现在及以前的所有疾病、残疾或医疗情况，以便保险公司决定你是否在承保范围内。

保险公司可能会针对你已有的疾病或残疾情况收取较高的保费，你的承保范围可能因健康情况、职业原因而受到限制，这就是为什么你应该在年轻和健康的时候购买医疗保险。

免赔因保险不同而有差异，除了已经存在的情况，要注意其他免赔条款，仔细阅读保险单了解你确切的承保范围。

（7）等待期。大多数医疗保险都会规定，自批准保险后，等待期为 30~90 天。对于在等待期间发生的疾病或治疗，不会获得任何赔付。

（8）延期。“延期”意味着只有在你残疾或生病超过一定天数后才能获得赔付。

在你参加医疗保险之前，请检查保险范围以及等待期限或延期期限（如果有）。

（9）保单附加条款。

保单附加条款可能添加到已有的保单后，提供额外的保护范围。附加条款加大了基本保单的福利，保单则可能在附加条款付清后到期。

附加条款的福利包括：

· 免赔额和共同保险的承保范围，帮助支付免赔额和共同保险的限额。

· 日常住院福利，每天为你提供一定的病房费用。

· 重大疾病福利，在诊断出保险承保的任何重大疾病时支付一笔款项。

3. 保单续保

要始终询问保险公司关于保单续保的条件。一些医疗保单中：

· 只要保证按时支付保费（例如 IP），你的保险就有效。但保险公司可能会在续约时更改福利、保险费或条件。

· 某些保险是短期的，仅在有限的时间内为你提供保障。例如，员工医疗福利，当你停止为雇主工作时就结束了。

如果续保不能得到保证，保险公司可以决定在重大医疗索赔后不续签保单。很有必要检查你购买的保险是否在你需要的时间段内提供保护，是否能够续保。购买之前，请阅读保险的条款和条件。

4. 免费试用期

保险公司至少保证给予 14 天的免费试用期，某些保险有 21 天的免费期。从你收到保单文件之日开始计算。在此期间，你应仔细检查你的保单，看它是否符合你的需求。如果你决定不参保，请写信给保险公司，告知他们取消保单。

必须在收到保单之日起 14 天内（或 21 天）向保险公司发出书面通知。保险公司将退还你已经支付的所有保费（扣除已经发生的医疗和其他费用）。

5. 更换保单

医疗保险一般不会承保已经存在的状况，在更换另外一种医疗保险时评估一下，与购买现有的保险时做比较：你的健康状况是否改变，你是否有新的健康问题。

如果你已经发现健康问题，你想更换的新保险可能无法为你提供与现有保险相同的保险范围。新保险还可能要求你支付更多保费，以便为你提供特定福利。请注意这一点。

6. 做个调查

公立医院和私立医院之间以及病房之间的医疗费用差别很大，在去医院接受治疗之前，请询问：

· 医生建议的病房费用和医疗费用是多少？

· 你的医疗保险允许的病房级别是怎样的？

· 你的医疗保险可以涵盖多少费用？

· 哪些治疗你可以选择？

· 你是否选择了你能负担得起的治疗或病房费用？

（五）一般保险简介

一般保险帮助你保护你所珍视的物品，例如房子、汽车和贵重物品。了解一般保险涵盖的内容，你什么时候会需要它以及它对你有何益处。

要点

· 确保你知道保险范围。

· 知道谁可以卖给你一般保险。

· 如果所涉及的物品丢失或损坏，你将收到一次性赔款。

1. 什么是一般保险？

一般保险旨在保护你重视的事物。如果某些情况下这些事物遭受部分或全部损失，保险公司将向你支付保额或协议金额。

例如，旅行时遗失财物、汽车损坏、房屋损坏。

2. 你在跟谁打交道？

一般保险产品可由一般保险代理人或保险经纪公司人员出售，在成为保险代理人或成立保险经纪公司之前，该个人或公司必须在新加坡一般保险协会（GIA）下的代理注册委员会（ARB）进行注册。

在购买之前，要询问代理商的GIA号码，并向代理注册委员会咨询，了解其是否被允许出售一般保险产品。

根据“一般保险业务守则”，一般保险公司及其代理人必须解释其产品和服务的所有主要特征。他们还应公平、及时地处理你的索赔、投诉和信息请求。

（六）保险单据

了解购买保险时你会收到哪些保险单据和应注意的事项。

要点

· 阅读文件，了解你正在购买的是什么。

· 改变主意？你有 14 天的时间来审核你的保单文件。

· 每两年或在发生重大生活事件发生时检查你的保险组合，比如结婚、购买第一套房产、第一个孩子出生、失去亲人等。

1. 你会收到的文件

当你购买保险时，你会看到这些文件，或者是大部分文件，每个文件的目的就是为了让你更好地了解你所购买的产品。看看每个文件都有什么：

· 封面（突出显示重点信息）。

· 保单说明。

· 产品概要（产品特点）。

· 捆绑产品文件（与定期产品比较，捆绑产品的优势）。

· 产品亮点页（投资相关计划的子基金）。

· 了解你的客户表格（事实调查表）。

· 申请表。

· 保单合同。

· 人寿保险指南或医疗保险指南。

· 直接购买保险（DPI）资料单和清单（适用于 DPI 产品）。

2. 常见术语

你的保险合同是一份重要的法律文件，在你同意条款和条件之前，请仔细阅读。

以下是保险单据中常见术语的解释：

· 保单号码和身份证号码——保险公司通过这些号码跟踪你的记录。可能有多个人同名，所以检查文件中的身份证号码是否正确非常重要。

· 投保人姓名和被保险人姓名——如果是父母为子女购买保单，那么保单持有人和被保险人的姓名会有所不同，父母是投保人，孩子是被保险人。

· 产品名称——产品类型可能是名称的一部分，对于捐赠产品，名称可能包括产品的期限。

· 投保日期、保单日期——它们指保单生效的日期。

· 期限和到期日——大多数保险公司使用“期限”或“期间”来说明保单的运行年限。有些保单可能标明到期日即为保单的结束日期。

· 保证金——发生死亡或永久性残疾等保险事故时支付的金额，也称为面额、本金或保险金额。

· 福利——这部分是对保单福利的说明，何时与如何支付保额或现金。福利部分还说明是否附加了额外的福利、条款、补充，以及它们在保单合同中的位置。检查这些附加项的详细说明，合同通常会在福利清单中显示保费细目。

· 保费和币种——你需要支付的保费金额、时间（每月、每季度、每半年或每年）和持续时间。你可以通知保险公司更改保费支付方式。合同还将说明保费的币种，因为有些需要提供其他货币，通常是美元或澳元。

提示：

· 总结你的保险计划，以便了解自己的保险范围、到期日和现金价值。

· 定期（每两年到三年）检查保险组合，或者当环境改变时检查，如结婚、配偶失业或生子。

· 如果你的住址、姓名或职业等详细信息发生变化，请联系保险公司更新信息。

三、投资

在你开始投资之前，了解基本的投资概念，比如：回报和风险是如何关联的，如何通过多元化和资产分配管理风险，投资期限是什么意思，平均成本法怎样与市场时机产生差异。在任何时候，你都应该清楚自己的需求、你承担风险和损失的能力，以及在投资前你对产品的了解程度。

（一）什么是投资？

通过“了解投资中常用的术语”、“在投资之前你应该考虑什么”开始学习投资。

要点

· 投资可以帮助你的财富增长，可以帮助你达到财务目标。

· 投资能够比银行存款获得更多的回报，但是也带有风险。

· 储蓄第一，然后投资你了解的产品，并且符合你的需要、风险预测和环境。

1. 在开始投资之前

在开始你的投资之旅之前，你应该准备好以下这些东西：

· 足够的用于日常支出和其他意外支出的钱。

· 足够的用于紧急情况的现金（3~6 个月的收入）。

· 基本的医疗保险和人寿保险。

2. 为什么投资？

投资是增加你的储蓄的机会，这样你能够实现财务目标，无论是为了你的家庭、孩子的教育或自己退休，越早开始越好！

投资通常会帮助你获得比在银行存钱更好的回报，但与此同时，所有的投资都伴随着风险。你可能会损失一部分甚至全部投资的钱。

这就是为什么在你开始之前，你应该为自己准备必要的投资知识和信息的原因。

3. 基本术语和概念

以下是一些术语，在你开始投资之前，你会发现非常有用：

（1）资产配置，这是关于决定在你的投资组合中分配给不同资产类别的比例，以平衡风险和回报，以便符合你的目标、风险偏好和投资前景。

（2）资本，你投资的金额。

（3）资本损益，你出售资产时的损失或收益。

（4）多元化，将各种投资组合混合在你的投资组合中，以达到你想要的风险回报状况。你可以通过不同的资产类别（如股票或债券）、不同的市场（例如国内、区域或全球市场）或不同的经济部门及行业，使你的投资组合多元化。

（5）平均成本法，这包括定期投资一笔固定金额的资金，而不管市场是涨是跌。

（6）投资期限，你为实现财务目标而必须投入的时间长度。如果你有较长的投资期限，这意味着你有更多的时间留下投资来渡过短期波动。你的投资期限越长，你通过复合利息增加储蓄的时间就越多。

（7）投资收入，这是你从投资中获得的收入。它可以是股票或单位信托的股息支付，也可以是从债券收到的息票。

（8）回报，投资产生的收益或损失。它可以是从产品中获得的收入，也可以是产品的资本收益或损失（价格收益或损失）。

（9）风险，投资回报低于你的预期的可能性。投资风险可以参考如下：

· 低于预期回报，例如，由于基金的股价波动或表现不佳。

· 失去投资资金的可能性，例如，当债券发行人违约进行利息或本金付款时。在某些情况下，你可能会损失掉你投入的所有资金。

所有投资都有亏钱的风险。你要始终知道你可以承受的最大损失。

（10）流动性，投资如何轻松或快速地转换为现金。例如，股票通常可以比房产更快地买进卖出，房地产通常需要更长的时间才能转换成现金。

（11）市场时机，当你认为市场对你有利的时候买入或卖出股票。

（12）净回报，从产品中（减去任何损失和费用后）获得的金额。交易成本如销售费用、佣金、经理人的费用将会降低你的回报。

（13）投资组合，你所拥有的各种投资。

4. 需要考虑的事情

鉴于有这么多类型的投资可供选择，仔细研究你的个人财务状况，看看哪种最适合你，将会有所帮助。

在制定计划时，需要考虑以下几点：

· 你的目标——你的财务目标是什么？你在寻找一份固定收入吗？或是快速增加储蓄？或者为了节省你的积蓄？

· 你的投资期限——你什么时候需要资金？你是否需要快速将投资转换为现金，或者你是否能够长期持有投资资金？

· 你的风险偏好——你能承受损失吗？你能承受什么程度的风险？你的投资组合是否足够多元化？

如果你已经投资，要定期监控你的投资组合并根据需要进行调整，例如：

· 重新平衡你的投资组合，以确保投资组合仍符合你的目标。

· 在你生命里重要的里程碑时刻，审核你的投资组合，例如，当你结婚、生子或退休时，因为在这些时刻你的需求可能会改变。

（二）不同人生阶段的财务目标

你的需求会随着时间而变化，你的财务计划也应如此。

了解如何定义你的财务目标和优先级别，以及在不同的人生阶段投资时需要注意的事项。

要点

· 清楚了解你的投资目标。

· 每个生命阶段的重点不同，需要不同的投资方法。

· 你的风险评估会影响你的投资组合。

· 潜在回报越高，风险越高。

1. 评估你的目标

通常，我们投资的目的是满足我们生活中不同阶段的某些需求。你是想积累储蓄、买房子、送孩子上大学，还是为退休做准备?

在投资之前，你应该清楚地了解自己的目标和风险承受能力，这些可能会在你的生活中发生变化，因此你应该定期检查。

2. 为不同的生命阶段投资

从广义上讲，我们所有人都有四个主要的生命阶段，每个阶段都有不同的目标和优先事项，需要采用不同的投资方法。

（1）职业生涯开始。在职业生涯开始时，你将有很长的投资期，此时应开始增加你的投资资本。

这是一个打下坚实财务基础的好时机，需提前计划。鉴于投资期相对较长，你可以更好地应对市场的短期波动，了解资金的局限性并且只投资适合自己风险偏好的产品。

你的目标应该是：

· 建立储蓄账户并预留应急基金。这样做旨在建立可以维持 3~6 个月支出的现金储备。你可以从每月至少节省 10%~20% 的收入开始。这将有助于保护你免受财务冲击，如突然失业等。

· 购买基本的人寿保险和医疗保险。在保费低的情况下给自己购买足够的保险，如果你有家属，请考虑购买定期保险，以便在你去世或完全永久残疾时保护他们。

（2）职业生涯中期。对于我们大多数人来说，这个生命阶段将跨越许多年，从你工作的最初几年到职业生涯的最后几年前。

在你人生这个阶段的开始，你可能正在考虑建立一个家庭，或者已经拥有一个家庭，家庭花费可能很高，你也可能要赡养你的父母或岳父母（公婆）。

鉴于你正在承担着更重大的财务责任，需要在投资方面谨慎行事——你不希望自己面临突然无法满足家人需求的风险。

你的目标应该是：

· 买一套你能负担得起的房子。不要过度扩张住房，留出更多的钱来规划未来退休时的需求。

· 做出明智的财务决策。评估你的家庭需求和目标，在短期和长期目标之间存在权衡，购买汽车或支付旅行的费用可能会影响你的退休储蓄。

· 建立足够的财务储备。检查一下你的应急基金是否足以支付你正在增大的家庭的支出，你可能需要补足现金以满足新的承诺，例如新房子或额外的孩子。

· 有足够的保险。由于你现在有更多的义务，请确保你和家人有足够的保险。

一旦你打下了坚实的财务基础并确定了稳定的预算，就到了将盈利能力转化为资本的时候了，你将有能力为投资预留更多资金。随着财务基础的建立，你将有更大的自由度寻求投资回报的最大化，当然要以你的风险偏好为基础。

（3）准备退休。在你职业生涯后期，你可能不得不管理许多相互竞争的优先事项，你的孩子可能需要大学学费，你可能需要照顾年迈父母的经济需求，自己也到了评估退休计划的时候了。

这时你的投资期限更短了，你可能希望保留节省下来的资金，将更多的资金转移到风险较低的投资上去，你也可以投资不同的产品，为你创造定期的收入来源。

你的目标应该是：

· 提前准备你的退休计划。计划包括计算出过上你希望的生活需要多少钱，退休时需要多少医疗保健费用，你可以通过增加公积金和投资适当的产品来为此提供资金。

· 为你家人的需求留出预算。确保你有足够的储蓄或投资用于孩子的高等教育和父母的长期护理。

· 仔细考虑提高档次。不要在提高住房档次的时候超支，你需要明智地确定优先事项、管理资金。

（4）顺利退休。一旦你停止工作，你就会想要自给自足。理想情况下，你的住房贷款应该已经付清，并且有足够的稳定的收入，你应该考虑较低风险的投资，可以为你提供稳定的收入并且易于清算，比如选择新加坡储蓄债券。

你的目标应该是：

· 退休时无债务。在退休之前付清房屋贷款，从四五十岁开始尽早偿还。

· 将你的住房变成钱。如果你退休需要额外的资金，你可以出售你的住房并购买一个更小的、更便宜的地方居住，了解正确的规模和租赁回购，找到合适的面积和租赁回购。

· 合理支出你的退休资金。谨防被骗，在你自己能力范围内消费。

（三）管理投资风险

了解自己的风险偏好，学习投资时可以使用的 3 种基本投资策略：多元化、资产配置和平均成本法。

要点

· 要管理风险，你应该投资于不同投资的多元化投资组合。

· 你应该根据自己的风险回报偏好，将资金分配到不同的资产类别。

· 平均成本法消除了错误选择市场时机的风险。

1. 了解你的风险偏好

你能负担得起损失所有投资吗？

每项投资都有风险。在某些情况下，你可能会损失部分或全部投资资金，在其他情况下，你可能不得不承受市场价格波动；还有些情况下你会失去收入或投资回报。

你应该慎重考虑一下自己能够接受风险的意愿：

· 当前和未来你承担的义务。如果你有即时的需求，你应该投资易流动和风险低的资产，如新加坡储蓄债券。

· 你的投资期限。投资期限越长，你就有越多的时间应对市场波动和增加投资。

· 你可以承受损失多少投资资金？如果你的投资遭受损失，请考虑它将如何影响你的义务，例如偿还贷款和你的未来目标。

2. 风险—回报权衡

由于所有投资都存在风险，因此在决定投资之前，应考虑风险—回报权衡。通常情况下，潜在回报越高，风险越大。

举个例子来说，如果你投资期货，你可能期望获得高回报，但同时需要为高风险做好准备。你需要问问自己："我能承受多少钱的损失，或者损失我所有的钱？"

3. 管理风险

所有投资都有一定程度的风险。你可以使用 3 种投资策略来帮助你管理风险：

（1）多元化。多元化是指将你的投资分散到各种资产上，目标是低关联度资产组合不会在同一时间向同一方向移动，或者即使它们向同一方向移动，至少应该有不同程度的移动。

你可能会因分散投资而放弃一些收益，但总体损失风险会降低，而且你将能够更好地承受市场的跌宕起伏。

你可以通过以下方法使你的投资组合多样化：

· 投资不同的资产类别（例如股票和债券）。

· 在每个资产类别中，投资不同的证券、行业或国家

（例如，不同股票的投资组合，或跟踪指数的交易所交易基金）。

资产同时在相同方向上移动被称为是相关的。多样化投资的一种方法是组合那些随机移动或以相反方式移动的资产。这些资产可以被描述为负相关，或是不相关。投资不相关的资产是有益的，因为它们不受相同市场趋势的影响，因此一个市场的冲击不会影响其他市场。

（2）资产配置。决定如何分配你的投资是资产配置策略的一部分，在你决定资产分配之前，需要考虑以下 5 个因素：

· 你的投资目标。你是想保本、增长资本、获得固定收入还是拥有流动资金？例如，如果保本是你的主要目标，那么你应该将你的资金更多地分配给投资组合中风险较小的保守选择（例如新加坡储蓄债券）。

· 你的投资期限。你处于哪个生命阶段，你省钱是为了什么？每个目标都有明确的投资期限。一般来说，你越年轻，投资期越长。

· 你的风险偏好。了解自己的风险承受能力可让你轻松投资，而不会存在损失超出承受能力的风险。如果你的承受度较低，你应该将更多资金分配到低风险的资产上，当然你所期望的回报也低。

· 资产组合。了解各种资产是如何关联起来的，知道每种资产的风险和回报，将有助于你决定你的资产组合。

· 当前和预期的市场条件。你的个人情况是否已经改变？即使你的情况没有改变，市场也可能会有所改变。为了保持平衡的投资组合，定期监控和重新平衡资产组合非常重要。

请记住，当你经历不同的生命阶段时，你的投资目标、投资期限和风险偏好可能会发生变化，你需要不断地重新评估这些内容。

（3）平均成本法。市场条件很难预测，试图低买高卖是具有挑战性的，大多数投资者都无法以这种方式维持重大的投资。

一种更加严谨的方法是平均成本法，无论市场是涨还是跌，通过这种方法，你都可以定期投入固定金额。

例如，如果你每月投资 1000 元，在市场下跌时购买较多股票，在市场上涨时购买较少股票。经过一段较长的投资期限，它将带来每股平均成本的降低。

（四）投资类型介绍

了解金融市场、常见的投资产品和它们的好处。

要点

· 投资产品具有不同的特点和风险特征。

· 对于更复杂的产品，金融机构需要对你进行知识评估或账户审核，才会将产品销售给你。

1. 关于投资产品你应该了解什么？

投资的一个重要方面是在投入资金之前了解产品，你可能会问：

· 产品的好处、风险、局限和交易成本是什么？

· 在最坏的情况下，你可以承受的最大损失是多少？如果发生这种情况会怎样？

· 这种产品是否会补充、增补或替换你现有的投资？

· 如果你的投资组合没有充分多元化，你是否会承担过多某种特定风险？

2. 金融市场简介

一级市场（初级市场）是出售新发行的金融资产的市场。例如，普通股的首次公开招股（IPO）和政府债券的招标。

二级市场是投资者可以从另一个投资者而不是发行人那里购买资产的市场。新加坡交易所（SGX）就是这种股票市场或证券交易市场。

不同的资产类别，如股票、交易基金（ETF）和房地产投资信托（REITS）都可以在交易所上市，有固定的交易时间，在此期间股票价格可能上涨和下跌。

场外交易（OTC）是指在有组织的交易所之外进行的交易。经纪人和经销商使用计算机和电话网络来确定双方的价格。

3. 开始时你需要做什么

要开始投资，你需要：

· 中央存管（CDP）账户，用于存放你的证券。

· 与证券经纪人进行交易的经纪账户。

4. 常见的投资产品（见表 6–8）

表 6–8　　常见的投资产品

投资类型	是什么	有什么好处	可能造成的损失
股票	· 股票是由公司发行的，用于投资者筹集资金或融资 · 当你在公司购买股票时，你就成为该公司的部分所有者	· 股息收入 · 股价上涨时的资本收益	如果发行人清盘，价格波动，你可能会损失很多
债券	· 公司或政府可以通过发行债券从投资者手中借钱，赚取筹集资金 · 新加坡储蓄债券是最安全的投资之一，它由政府支持，你可以提前赎回债券而不用支付罚金	· 定期利息 · 保本	发行人清盘、违约，价格波动

续表

投资类型	是什么	有什么好处	可能造成的损失
信托或基金	一种投资者的资金汇集到一起，由基金经济投资于资产组合的投资产品，根据信托或基金拟定投资目标和投资方法	实现投资风险多元化	价格波动
交易所交易基金（ETFs）	· 在证券交易所上市交易的一种基金 · 一些交易所交易基金有更简单的现金结果，而另一些则更复杂且涉及衍生品	实现投资风险多元化	价格波动，衍生交易对手违约
房地产投资信托	在证券交易所交易并投资于房地产资产组合的单位信托或基金	· 分配的固定收入 · 比直接投资房产有更好的流动性	价格波动

5. 其他投资产品

有些投资产品更复杂，并且具有难以理解的术语和特征。这些产品在新加坡被归类为特定投资产品（SIPs）。

在特定投资产品出售给你之前，金融机构需要评估你的投资知识和经验，以确保你能够了解这些产品。如果你希望开立账户用于交易交易所上市的特定投资产品，或者如果你希望投资未上市的特定投资产品，则需要通过客户知识评估（CKA）或客户账户审核（CAR）来完成操作。

请记住，不要投资那些你不完全了解的产品。

（五）设计投资组合

如何根据你的目标、风险偏好和个人情况构建和管理投资组合。

要点

· 在构建投资组合时，你需要考虑你的投资目的和目标、投资期限和可用资金。

· 你需要了解自己的风险偏好，并考虑创建一个足够多元化的投资组合。

通过询问自己六个问题，来建构你的投资组合：

1. 你有多少时间投资？

投资期限越长，通过复合利息资产增值的就多。

保持较长时间的投资还可以让你有时间渡过市场的短期波动。

如果你在短期内需要资金，你应该寻找易于清算的低风险产品（例如新加坡储蓄债券）。

2. 你有多少钱投资？

在计算紧急储蓄、家庭开支、保险费和偿还贷款后，你就知道你有多少钱可用于投资了。

从长远来看，不要进行超出你承受能力的投资。还要记住，大多数投资都需要一些成本，例如，单位信托有一些费用和附加费。

3. 你可以承担多少风险？

注意家庭的短期和长期需求——如果你有更直接的需求，应该进行风险较低的投资。

如果你的投资遭受损失，它是否会影响你的其他承诺，比如偿还贷款？如果你没有时间从损失中恢复，请不要冒险。

投资退休储蓄时要格外谨慎。

通过风险承受能力调查问卷等评估工具的帮助，你可以更好地了解你的风险偏好。

4. 你的目标是什么？

计算出你每个财务目标需要多少钱、什么时候需要，将会帮助你确定实现目标所需的回报。

· 如果你刚刚开始职业生涯，你的投资目标将是增加资本。

· 如果你已达到储蓄目标，那么你的投资目标可能是保存资金。

· 如果你已经退休并且需要获得养老金，你可能希望确保高流动性，或者能够快速变现资金，你可能还希望从你的储蓄中赚取收入。

表 6–9 列出了不同的投资目标适合的投资类型以及其特点。

表 6–9　　　　投资目标与目标类型

目标	增加资本	最大化收入	安全保存资本
投资组合重点	公平导向	固定收入导向	固定收入导向
投资收益	高	中高	低
风险	高	中	低
可能的投资	股票、交易所交易基金	股利股票、债券	债券

5. 你应该投资什么？

多元化！多元化！多元化！

· 记下不同的资产类别和主要产品类型。

· 比较可用的内容并检查它们满足你的需求和个人情况的程度。

· 选择你的投资，在流动性、安全性和投资收益之间取得平衡。

· 考虑使用平均成本法作为积累资产的手段。

6. 你的投资组合是否已经多元化，并且表现的和预期一样？

定期检查你的投资组合并重新取得平衡。你应该考虑到目前的生活阶段和财务状况。

定期审查投资的表现，有助于确定投资是否有望实现你的目标。即使你是投资在单位信托或基金的被动投资者，你也应该这样做。

如果你的产品波动性较大，你应该更仔细地监控这些产品，以防在你需要资金的时候市场处于低迷状态，或者你可以选择更快地清算。

随时了解时事和市场趋势可以帮助你做出及时的决策。

四、银行和现金

了解银行账户、银行卡、支票的相关知识。

（一）什么是银行账户

建立银行账户是一种方便的帮助你管理资金的方法，银行账户可以帮助你记录储蓄和支出。你的薪水或工资将被打入你的账户，你可以通过银行账户支付账单、购物和收款，比如现金存款和支票。

你可以通过到银行分行现场办理，或者使用银行的自动柜员机（ATM）进行这些交易，你也可以使用电话或互联网在线交易。同时，你可以通过某些类型的账户赚取存款利息。

1. 结算单

银行会将记录你账户每个月或每个季度所有交易的结算单，以硬盘或电子报表的形式提供给你。如果银行提供电子结算单。只有申请了网上银行的用户才能在在线查看其交易记录。顾客倾向于要求电子结算单。

一些银行向特定的用户群提供存折账户，一些银行不提供存折账户。如果你的账户附带存折，每次更新存折时，你将能够查看所有的交易记录。

2. 三种银行账户

银行账户有三种主要的类型：储蓄账户、往来账户和定期存款账户。每种类型的账户都有自己的功能。

根据你的使用目的来选择银行账户。如果你想要使用账户进行日常的资金管理，比如支付账单，往来账户、储蓄或两者的联合账户更加有用。如果你想要留出一些钱用于中长期的储蓄，你可能更需要开立定期存款账户。

三种银行账户的主要功能如表 6–10 所示。

表 6–10　　三种银行账户的功能

类型	储蓄账户	往来账户	定期存款账户
产生利息	√	取决于产品功能	√
固定存期	×	×	√
随时存款	√	√	×
随时取款	√	√	×*
支票	×	√	×
存折	√	×	×

*注：如果你需要从未到期的定期存款账户中取款，你可能不会得到利息或遭受部分利息损失。

在开设银行账户之前，请先了解以下内容（见表 6–11）。

表 6–11　　开设银行账户前的注意事项

储蓄账户	往来账户	定期存款账户
· 开立账户的最低存款额 · 利息如何计算、何时计入 · 需要收取什么费用？		
· 最低余额。如果账户存款少于最低余额要收取哪些费用？ · 在分行或 ATM 机上的取款限额是多少？ · 最低账户持有期。如果账户提前注销会有什么处罚？		· 存款到期是否自动延期？ · 如果到期之前取款怎么办？有哪些处罚或收费？是否还有利息？
	· 支票收费吗？	

3. 什么是联合账户？

如果两个或更多人想要共同开立一个账户，他们可以开立一个联合账户。所有账户持有人的名字都会出现在账户中。你可以选择让联合账户以联合轮流或共同联合的方式运作。

（1）联合轮流。联合轮流账户下，每个账户持有人可以单独进行该账户的银行交易，比如取款、开支票或关闭账户。即使账户由一人单独签字操作，你也担负该账户上的责任，比如，如果其他联合账户持有人开了支票，但没有足够的钱支付时，银行可以要求你承担未偿还的金额。

（2）共同联合。共同联合账户下，银行要求所有的账户持有人共同进行交易。

（3）连带责任。如果在协议中存在“连带责任”的条款，银行有权利起诉你和你的联合账户所有持有人，或者起诉你或联合账户中的任何一人。

4. 如何开立或关闭账户？

你可以从银行或分行获取申请表，邮寄或者从银行网站上下载。准备好银行要求的所有文件，如身份证明。要求银行解释账户的关键条款和适用情况。

在账户开立之前，银行必须要进行“了解你的客户”审核，以便了解客户的个人资料和开设账户的目的。在账户开立之前要通过身份证明文件验证申请人的身份。

在关闭账户时，如果账户开立少于一定的持有期，一些银行可能要收取提前关闭账户费。在某些情况下，银行甚至可能降低你应得到的利息。

通常情况下，储蓄和往来账户持有人会获得一些特别的服务，更多细节和费用请询问银行。

（二）银行卡

1. ATM 卡

使用 ATM 卡，你可以凭个人身份证号，在 ATM 机上进行存款、取款或转账操作，你可以选择一个银行账户与 ATM 卡关联，你也可以设置 ATM 取款限额。

2. 借记卡

借记卡与 ATM 卡相似，你可以通过个人身份证号码，使用借记卡在银行的 ATM 机上取款，你也可以用它购物，你只可以花费你银行账户中的钱，确保你的卡始终安全。

与 ATM 卡不同，借记卡带有 VISA 或 Master Card 品牌，允许客户执行基于签名的销售点（POS）交易。虽然这看起来与信用卡类似，但请注意，当你使用信用卡时，你是在用信用额度支付，但是当你使用借记卡时，购物金额或取款额将立刻直接从你的银行账户中扣除。

借记卡可能会收取费用，例如年费、卡片丢失的补卡费以及国外取款费。

（1）借记卡使用的风险和保障措施。尽管新加坡银行已经用芯片卡取代了磁条借记卡，但银行继续保留磁条借记卡供海外使用。虽然芯片技术可以降低克隆的风险，借记卡的磁条部分仍然可以被克隆。由于借记卡允许客户在收据上签字，因此还存在被伪造的风险。

某些商家允许你进行小额交易，无须在交易收据上签字。此时，要求商家提供交易收据，以确保扣除的金额是正确的，如果扣除金额错误，请立刻联系银行，询问是否能够帮助取消交易。

你的借记卡详细信息，如姓名、账号、有效期等，可能会被欺诈者通过在线交易获取。欺诈者将能够使用此类信息克隆卡片或者进行欺诈性的无卡交易，如在线交易或邮购、电话订单交易。

但是，某些在线购物的商家，其网站使用 3D 安全技术，在你完成交易之前，要求你输入一次性密码，这有助于保护你免受在线欺诈，而且这是一种安全的方式来验证你作为借记卡的合法所有者正在进行购物。如果你收到一次性密码但是你并没有进行交易，请立刻通知银行。

（2）如果借记卡丢失或被盗，我有什么责任？

如果你的借记卡丢失，请立刻通知卡片发行方。如果卡片被盗，请立刻报警并通知卡片发行方。

一旦你报告损失，卡片丢失之前，你对未授权消费承担的最大责任限额为 100 元，这个限额适用于以下情况：你没有采取欺诈行为，没有严重疏忽。

请向银行询问借记卡丢失或被盗的政策。

（3）给消费者的建议：

· 切勿留下借记卡或包含其详细信息的文件。

· 当收到卡片时，立刻用永久性墨水笔在卡片背面签名。

· 记录下卡号、有效期，银行的电话和地址，并保存在安全的地方。

· 将卡片相关的信息，如你的个人身份证号码，与卡片分开放置。

· 保护卡片的详细信息。取款时不要向任何人泄露你的个人身份证号码。

· 只在信誉良好、合法的商家购物，包括网上商店。不要使用共享设备进行在线交易，如使用网吧的计算机。

· 当你进行小额交易，无须在收据上签字时，请向商家索取交易收据以确保扣除正确的金额。

· 定期检查你的卡片是否在身边。

· 如果卡片或卡片信息被盗丢失，立刻联系银行，记录下时间和日期。

3. ATM 卡、借记卡和信用卡的比较如表 6–12 所示。

表 6–12　　ATM 卡、借记卡和信用卡的比较

	ATM 卡	借记卡	信用卡
交易模式	购物、取款金额立刻从银行账户中扣除	购物、取款金额立刻从银行账户中扣除	购物、取款金额是借款，必须还给银行
付款方式	在商家购物或在 ATM 机取款，你都需要提供个人身份证号码	通过 POS 机终端购物，你需要在购物收据上签名，不需要提供身份证号码；小额购物不需要签名；在 ATM 机上取款需要提供身份证号码	通过 POS 机终端购物，你需要在购物收据上签名，不需要提供身份证号码；小额购物不需要签名；在 ATM 机取款或预借现金时，你需要提供身份证号码，注意预借现金是一种借款，必须还给银行

续表

	ATM 卡	借记卡	信用卡
主要风险	使用磁条技术可能导致卡片被克隆或窃取的风险增加，银行业正在采取积极措施应对这一风险，比如采用更安全的芯片技术，在超出一定数额的交易时短信提醒	借记卡通过 POS 终端进行的便利支付使风险增加（如伪造签名购物、不需要签名的小额支付造成金额错误）；使用磁条技术可能导致卡片被克隆或窃取的风险增加，银行业正在采取积极措施应对这一风险，比如采用更安全的芯片技术，在超出一定数额的交易时短信提醒；通过拦截无卡交易造成卡片详细信息泄露（如在线交易、邮件购物或电话购物）	同借记卡
费用	通常不收取任何费用，但是在海外 ATM 机上取款可能需要支付费用	费用包括年费、补卡费，以及在海外 ATM 机上取款的费用	费用包括年费、补卡费，在当地或海外 ATM 机上进行取款或预借现金的费用

（三）支票

1. 什么是支票？

支票是一种纸质工具，用于从银行账户中支付款项。

往来账户持有人可以开支票来支付款项，支票可以提供给开立往来账户的顾客。

2. 存入支票时会发生什么?

当你将收到的支票存入账户时，银行将会向付款人的银行发送支票的图像，以便收取支票上存入你的账户的金额。一家银行从另一家银行收款的过程称为支票清算，这个过程需要一定的时间。

支票仅能在周一至周五进行清算，周六、周日或公共假日，不能进行任何账户的资金转账，包括信用或借记账户支票、直接转账或银行间资金转账。

表 6-13 显示了账户何时能够借记或贷记，资金何时可用。

表 6-13　　支票存入时间与资金可用时间

支票存入	账户贷记、借记	可用资金
周一至周四(截止日期前 *)	支票存入当天	第二天(下午 2 点后)
周四(截止日期后 *)	周五	周一(下午 2 点后)
周五(截止日期前 *)	周五	周一(下午 2 点后)
周五(截止日期后 *)	周一	周二(下午 2 点后)

* 对于很多银行而言，支票存入的截止时间是周一至周五的下午 3 点 30 分。

在周六或周日，支票只能存到支行或者提供“快速支票存款箱”服务设施的银行，但是，支票只能到周一才能清算。在周六，现金支票可以在付款人的银行兑现。如果收款人和付款人都是同一家银行，存入的支票可以被识别并提取，但需要收取手续费。

及时存入支票避免丢失和被盗的风险，除非另有说明，支票的有效期一般是在签发之日起六个月。

3. 开支票时你必须要做什么？

（1）确保你的账户中有足够的资金。如果你的账户中没有足够的资金，你的支票可能不被兑现（可能被拒绝）。当用于付款时，你可能会被收取以下费用：

· 退回支票的手续费或管理费。

· 用于弥补银行隔夜利息损失的透支利息费用。

（2）确认是否为划线支票。如果你不想你的支票被兑现，或者希望支票不可转让，你应该：

· 在支票的左上角划两条平行线，即是划线支票。

· 如果付款仅适用于开支票的人，取消支票或支票上的“持票人”，添加“仅限账户收款人”字样。

划线支票通过收款人的银行账户进行清算。

如果支票划线仅是左上角的两条平行线，没有取消“持票人”，则可以存入任何一方的银行账户。如果你希望支票持有人兑现：

· 不要在支票上划线。

· 不要取消“持票人”的字样。

· 不要添加“仅限账户收款人”的字样。

（3）写清楚收款人的姓名。清楚地写下或打印你要支付对象的个人姓名或实体名称，划掉姓名后面的多余空间，避免未经授权的更改。使用深色永久性墨水，如圆珠笔，不要使用可擦除或可清洗的墨水。

（4）写清支付金额。用文字写出金额，并在金额后写“仅”字。在多余的空间上划线避免未授权的更改。

在表格中添上数字，划掉多余空间。

数字和文字书写的数额应相同，如果不同，支票可能会被退回并收取费用。

小数点必须清晰可见，不要使用反斜杠符号“/”代替小数点，因为它可能被误读为数字“1”。为清楚起见，在处理四位或更多位数的数字时使用逗号，如“10, 000”。

（5）签字之前检查所有细节。在支票上签名之前检查所有的细节，永远不要提前签名，避免使用简单且笔画少的签名，因为这样的签名容易伪造。

如果更改支票，一定要全部签名而防止被他人更改，如果有多处更改，最好开张新的支票避免混淆。

（6）避免开出过期支票。收款人收到过期支票时不能立刻清算，支票返回可能会收取手续费。

4. 如果你想停止付款怎么办？

如果你想停止某张支票的付款或者整个支票簿的付款

（如果发生被盗事件），立刻通知银行。

如果支票没有清算或兑现，你只能停止支付已签发的支票，银行可能会收取管理费。

5. 如果支票未支付怎么办？

（1）如果你是收款人。当你存入账户的支票未付款时，你将收到一份“图像返回文件”（IRD）而不是实物的支票，IRD 作为拒付通知文件，代替原始的支票，以便重新提交清算。

IRD 的下半部分将列出支票没有支付的原因，以及你能否再次提供图像返回文件以便清算。

如果你能够向银行提交 IRD 用于清算，你应该将 IRD 附在返回支票通知的后面，然后将其存入你第一次存入支票的同一银行的分行，你也可以使用银行的“快速支票存款箱”。

如果你不能向银行提供 IRD 进行清算，你应该将 IRD 返回到付款人那里并要求开出新的支票。

（2）如果你是付款人。如果你的账户中没有足够的资金，你的支票可能无法兑现，你将要被收取支票退回的手续费或管理费，以及透支利息费以弥补银行的隔夜利息损失。

当资金不足的账户进行支票支付时，会产生透支利息，当支票被清算时，付款人的银行将支票的收益支付给收款人的银行，付款人账户将在同一天扣除。如果付款人银行账户没有足够的资金，银行将会在下一个工作日撤销账目（即退回到付款人的账户），付款人的账户将显示透支利息账目，并且银行将对付款人账户的透支余额征收隔夜透支利息费。

举例来说，如果付款人的账户中只有1000元，但开出了1200元的支票，那么当支票兑现时，他将被收取透支部分，即200元部分的隔夜透支利息。

请注意，如果账户资金不足，付款人的账户会自动进入透支状态，无论他是否预先安排透支贷款，都会被收取利息费用。

6. 如何跟踪记录你的交易？

你可以通过支票簿中的存根跟踪记录你的支票，这可以帮助你记录支票支付的总额，你可以在收到银行对账单后立刻核查这些交易。

如果你发现任何差异，请立刻联系银行，或者在银行要求的时间段内通知银行。

五、网络钓鱼

什么是网络钓鱼？

网络钓鱼是一种通过互联网获得个人敏感信息的方式，如账户细节、PIN码、一次性密码、信用卡卡号、用户ID或密码等。获取这些敏感信息的人将会进入你的账户并执行未授权的交易。

1. 你必须注意什么？

最常用的网络钓鱼方法是向你发送欺骗性的电子邮件，声称是来自银行、信用卡发行机构或服务商的邮件。邮件通常会使用下列策略之一，使你泄露个人信息：

· 由于我们引进新的安全系统，你的账户将被更新。请按照以下的操作重新激活你的账户。

· 你的信用卡正在接受警方的防骗调查，请按以下说明操作。

· 你的网络付款账户到期，我们现在提供一种新的网络支付服务，请按以下操作进行。

· 你是此次幸运抽奖活动的中奖者。请提交新的信用卡信息，以便我们验证你的身份。

以下是可能告诉你的操作：

· 请你回复邮件，提供你账户的信息、PIN 码、一次性密码或信用卡号码。我们收到你的邮件将尽快重新激活你的账户。

· 请点击以下的网络连接更新你的个人资料。

· 请点击下面的附件。这将自动生成一个警告告知我们，我们将更新你的账户并通知你。

这些操作会使你泄露个人信息，欺诈者可以用你的个人信息登录你的账户。如果你点击邮件中的链接或附件，你可能进入到一个假的网站，与银行的网站或信用卡发行机构的网站非常相似。这些网站就是为了获得你的登录资格和个人信息。也有一些邮件附件的内容是蠕虫病毒、间谍软件或特洛伊木马病毒，会感染你的个人电脑，并监视你的每次键盘敲击，获取你的个人信息。

［案例］

何先生用网上银行进行在线网络交易。最近，他收到一封邮件，声称是来自他的银行，要求何先生登录网址进行个人账户信息的更新。他按照邮件的操作要求，链接到了“银行”的网址。登录界面与真实银行的网址很像，他输入了用户名、PIN 码、一次性密码以及其他保密信息进入到网站。

何先生以前并没有收到过这种邮件，他决定联系他的银行，看看这种操作是不是银行进行的。银行告诉他，他进入的网站是一个假的网站，看起来与银行的真网站一样。假的网站有银行的标志、相似的设计，意图误导消费者相信是银行的网站。

银行立刻与相关部门联系，关闭了虚假网站，冻结了何先生的账户，保护其防止非授权登录。正是由于行动迅速，何先生没有任何财务损失。银行也提供了新的 PIN 码使何先生能够重新登录他的互联网银行账户。银行还建议何先生阅读并遵守网站的安全守则和程序。

2. 防止网络钓鱼诈骗的提示

· 你的银行永远不会向你发邮件，要求你泄露任何机密和个人信息。你应该将这类邮件告知银行然后删除邮件。

· 你应该绝不向任何人泄露你的 PIN 码或一次性密码。没有银行会以任何原因要求你提供 PIN 码和一次性密码。

· 不要点击任何链接登录到银行网站，不要打开声称是来自银行、信用卡发行机构或服务提供商的邮件的附件。

· 请务必在浏览器地址栏中输入银行或信用卡发行机构的完整网址或域名。如果你不能确定网址，请与他们联系获取相关信息。

· 如发现任何可疑或未授权的交易，请务必检查你的信用卡和银行账户情况。如果你发现任何不寻常之处，请立刻联系银行。

· 请查看你的银行网站，了解有关互联网安全的更多信息。如果你认为自己已经成为网络钓鱼的受害者，请立刻与银行联系。

· 在计算机中安装防火、防病毒和反间谍软件并定期更新。

·避免在公共领域（如网吧）使用计算机进行网上银行业务操作。

·每次完成网上银行活动，请退出登录。

·设置复杂的密码并定期更改密码。

3. 什么是电话钓鱼？你要注意什么？

电话钓鱼与网络钓鱼类似，是通过电话欺骗受害者使他们泄露账户信息的诈骗方式。对方可能通过电话要求消费者提供身份信息以便验证、更新或激活账户。与网络钓鱼相似，诈骗者希望掌握你的登录 PIN 码、一次性密码和用户 ID，从而进入你的银行账户。

银行职员永远不会要求消费者泄露他们的登录信息。银行通常通过询问已经掌握的、与个人信息相关的问题来验证消费者的身份。

4. 免受电话诈骗的提示

·切勿向任何人透露你的登录信息（即使银行员工也不可）。

·如果你不确定打电话人的身份，请与银行核实。你可以挂断电话并直接拨打银行电话。

第三部分

财经素养水平测试

一、新加坡人财经素养水平测量

2005 年 3 月新加坡政府进行了首次全国财经素养调查，此次调查的目的是了解新加坡人财经素养的水平和新加坡人如何处理与资金相关的问题。调查结果反映出新加坡国民的财经素养状况，总的来说，新加坡人对于基础资金管理、财务计划和投资具有相当健康的态度，大多数新加坡人会储蓄、监控支出，也非常负责任地使用信用卡。绝大部分新加坡人能认识到财务计划的重要性，并且已经开始制定基本的财务计划。他们也会在投资之前充分考虑风险并时时监管自己的投资。但是很多新加坡人不能条理清楚地管理自己的财务和计划，很多人不清楚他们退休之后需要多少钱生活，也没有足够的储蓄应对意外的需要。大多数新加坡人也不熟悉常见的金融产品，如人寿保险政策和信托的关键特征及机制。

此次调查根据财经素养教育标准框架，从基础资金管理（预算、支出、储蓄、债务和信贷）、财务计划（退休计划）、投资技巧三个领域，从知识和能力两个维度，来测量新加坡人的财经素养水平（见图 1）。

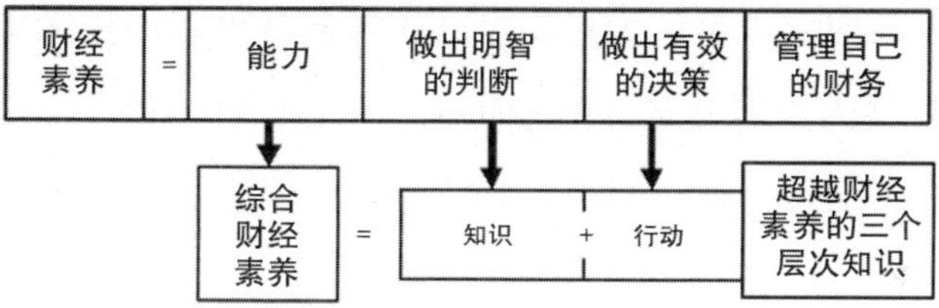

图 1 新加坡人财经素养水平构成

“行动”是指新加坡人是否已经在基础资金管理、财务计划和投资方面做出有效的决策，包括新加坡人采取了什么行动来管理他们的金钱？新加坡人制定了什么有效的计划来保障未来的财务需求或退休需求？已经参与投资的新加坡人采取了什么办法来了解自己的投资、采取了什么办法进行投资的日常管理？

“知识”是指新加坡人是否了解常见金融产品和服务，是否能够做出明智的判断，包括新加坡人对常见金融产品，如债务、人寿保险政策、投资产品等的风险和实施规则的了解处于什么水平？

除知识和能力外，该项调查也试图通过以下的问题了解新加坡人对基础资金管理、财务计划和投资的态度：

· 新加坡人是向专业人士寻求财经建议，还是依赖朋友、亲属的建议？

· 新加坡人是先储蓄后支出余额，还是先支出再储蓄余额？

· 新加坡人是认为只要自己还得起就可以使用无担保贷款，还是因为需要支付利息而不使用无担保贷款?

· 新加坡人认为财务计划只适用于有钱人，还是与每个人有关?

· 新加坡人将一般保险作为保护他们财产的方式，还是不相信一般保险?

· 新加坡人认为投资是一种长期的储蓄，还是迅速致富的方式?

· 新加坡人是认为投资全凭运气，还是投资需要研究和熟知?

二、财经素养水平测量问卷

（一）基本信息

1. 你的年龄?

A. 18~19 岁　　B. 20~24 岁

C. 25~29 岁　　D. 30~34 岁

E. 35~39 岁　　F. 40~44 岁

G. 45~49 岁　　H. 50~54 岁

I. 55~60 岁

2. 你的性别？

A. 男

B. 女

3. 你的婚姻状况？

A. 单身

B. 已婚无孩

C. 已婚有孩

D. 离婚、分居或丧偶

4. 你的职业？

5. 你的受教育程度？

6. 你每月的个人收入？

7. 你的家庭每月的收入？

（二）测试内容

1. 基础资金管理

（1）下列什么情况会使你决定购买金融产品？

A. 当亲属或朋友推荐某金融产品时

B. 比较了相似金融产品的特征

C. 当金融顾问推荐某种金融产品时

D. 当金融产品促销时

E. 无可奉告

F. 其他

（2）你是如何储蓄的？

A. 先满足花销，剩余部分用于储蓄

B. 每个月从工资中保留固定数额用于储蓄，剩余部分用于花销

C. 不储蓄

（3）你认为理想状态下，应该有多少现金储蓄能够应对紧急情况下的需求？

A. 不到月收入的一倍

B. 月收入的 1~2 倍

C. 月收入的 3~6 倍

D. 月收入的 7 倍或更多

E. 不知道我有多少现金储蓄

（4）现实情况是你现在有多少现金储蓄能够应对紧急情况

A. 不到月收入的一倍

B. 月收入的 1~2 倍

C. 月收入的 3~6 倍

D. 月收入的 7 倍或更多

E. 我不知道我有多少现金储蓄

（5）上一次购买耐用品，你是采用什么方式支付的？

A. 用存款支付的现金（如果没有足够的现金，就不买）

B. 用信用卡（信用额度）支付的

C. 用分期付款支付的

D. 其他

（6a）你如何监控自己的花销？

A. 一般不追究花了多少钱

B. 消费之后会查询储蓄账户中剩下多少钱

C. 会记录下每笔消费（账单）

（6b）你不会监控自己花销的原因是什么？（第 6a 题选择 A 答案请作答此题，选择 B 或 C 答案请忽略此题）

A. 一直以来花费的钱都低于收入，不需要监控花销

B. 没时间

C. 对这些事不感兴趣

D. 不知道怎么做

（7a）你有借款或贷款吗？

A. 有

B. 没有

（7b）你有什么类型的贷款或借款？（第 7a 题选择 A 答案请作答此题，选择 B 答案请忽略此题）

A. 房贷

B. 车贷

C. 信用卡透支

D. 装修贷款

E. 其他

（8）以下关于贷款的知识你了解哪些？选出你知道的。（可多选）

A. 每个月要偿还分期付款多少钱

B. 贷款偿还的期限

C. 还未还清的贷款余款数额

D. 贷款利率

E. 借款银行

F. 再次贷款或偿清贷款时适用的条款和处罚

（9）当你决定贷款时你会怎么做？

A. 在申请贷款之前，会计算出能借得起多少钱

B. 这很容易决定，因为知道自己有稳定的收入或足够的储蓄偿还贷款

C. 先申请贷款，然后计算出应该留下多少钱还贷

D. 其他

（10a）你会使用无抵押贷款吗？

A. 不使用无抵押贷款

B. 使用无抵押贷款，如银行（信用卡）透支

（10b）你使用无抵押贷款的目的是什么？（第 10a 题选

择 B 答案请作答，选择 A 答案请忽略）

A. 购买特殊的商品或服务

B. 紧急情况下的支出

C. 偿还其他账单、贷款或信用卡

（10c）你怎么偿还无抵押贷款？（第 10a 题选择 B 答案请作答，选择 A 答案请忽略）

A. 一次性全部偿还

B. 偿还最低额度或一部分

C. 其他

（11）你知道不按期偿还无抵押贷款的后果吗？

A. 不得不支付延期的利息或者其他复杂的处罚

B. 必须接受定额处罚金

C. 可能会被银行记录在案，将来贷款会很困难

D. 如果银行对我采取合法行动，我可能会破产

E. 没什么后果或者我不知道

（12）知识测验（判断对错）：

A. 如果某人没有迅速地还清债务（比如信用卡或贷款），他未来将很难申请贷款。

B. 担保贷款赋予银行对质押资产的权利，如果借款人无法偿还贷款，银行可以出售质押资产。

C. 通常情况下，贷款偿还总额应该少于实得工资的

50%。

D. 授权无抵押贷款的银行（如信用卡）不能直接获得借款人的资产，因此这类贷款的利益会更高一些。

E. 如果个人偿还贷款的最低偿还额度，他将不必支付任何利息。

2. 财务计划

（1）你认为理想情况下，应该从什么时候开始制定财务计划？

A. 上学的时候

B. 开始工作的时候

C. 工作几年之后

D. 结婚的时候

E. 第一个孩子出生的时候

F. 退休之前

G. 退休之后

H. 当遭遇了一次意外事件需要一大笔钱的时候

I. 有余钱的时候

J. 还没开始计划或不需要财务计划

（2）在现实情况中，你从什么时候开始制定财务计划？

A. 上学的时候

B. 开始工作的时候

C. 工作几年之后

D. 结婚的时候

E. 第一个孩子出生的时候

F. 退休之前

G. 退休之后

H. 当遭遇了一次意外事件需要一大笔钱的时候

I. 有余钱的时候

J. 还没开始计划或不需要财务计划

（3a）你制定财务计划的原因是什么？（第 2 题选择 A～H 答案请作答此题，选择 I、J 答案请忽略）

A. 要准备不时之需

B. 要养家

C. 不想被债务缠身

D. 要保证投资的高回报

E. 接受了理财顾问、银行经理、保险公司职员的建议

（3b）你不制定财务计划的原因是什么？（第 2 题选择 I、J 答案请作答此题）

A. 没有足够的钱

B. 现在还太早

C. 太多的不确定性，没必要计划

D. 不知道从什么时候开始计划

E. 没时间、太忙

F. 公积金和存款足够多

G. 由家人处理

H. 保险足够多

（4a）你是否寻求过专业顾问的建议？

A. 寻求过专业顾问的建议

B. 没有寻求过专业顾问的建议

（4b）你寻求专业顾问建议的原因是什么？（第 4a 题选择 A 答案请作答此题，选择 B 答案请忽略）

A. 专业顾问是亲属或朋友

B. 自身需要专业人士的帮助

C. 顾问主动找我

D. 被广告吸引

（4c）你没有寻求专业顾问建议的原因是什么？（第 4a 题选择 B 答案请作答此题）

A. 能自己决定

B. 没有足够的钱

C. 暴露财务状况令人很不舒服

D. 不知道有比较好的顾问

E. 没时间寻找好的顾问

F. 花费高或认为只适用于有钱人

G. 顾问不了解需求，爱推销

（5a）你有购买保险吗？

A. 有

B. 没有

C. 不清楚

（5b）你购买了什么类型的保险？（第 5a 题选择 A 答案请作答此题，选择 B 答案请忽略）

A. 医疗保险

B. 家庭或车辆保险

C. 不清楚或其他

（6）以下关于人寿保险的知识，哪些是你了解的？（可多选）

A. 出售保险产品的保险公司的情况

B. 每月、每年要支付多少保费，要付多长时间

C. 保单上涵盖的内容：有权获得多少索赔金额

D. 什么情况在或不在保单覆盖范围内

E. 是否有分红，分红是否有保障

F. 如果负担不起保费或者暂时停止支付保费会发生什么事情

G. 如果中止保险必须要支付一些罚款或费用

（7）请选择三项你所知道的退休基金的来源。

A. 个人储蓄

B. 公积金储蓄

C. 保险

D. 退休之后继续工作

E. 家庭或孩子提供资金支持

F. 投资

G. 换个小房子置换出现金

（8）你是否计算过退休之后需要多少钱生活？

A. 计算过

B. 没有计算过

（9）你认为退休之后需要多少钱？

A. 退休之前所得收入的一半

B. 退休之前所得收入的三分之一

C. 退休之前所得收入的三分之二

D. 退休之前所得收入的四分之一

E. 退休之前所得收入的四分之三

（10）你知道当你 55 岁的时候能够得到多少公积金吗？

A. 知道

B. 不知道

（11）退休之后你将怎么支配公积金？

A. 将剩余部分存起来

B. 还没计划

C. 投资

D. 旅行

E. 给孩子花

F. 还房贷

G. 开始做生意

H. 买年金或买保险

（12）到现在为止，你怎么使用公积金的？

A. 买房或买房分期付款

B. 大病保险的保费

C. 投资

D. 住院费或门诊费

E. 保险金

F. 教育

G. 留着退休之后用

（13）知识测验（判断对错）：

A. 金融顾问必须说明他所推荐的投资产品为什么适合客户购买。

B. 如果个人在购买保险时不透露自己现在的健康状况，他可能不能参保。

C. 财务计划只是关于购买足够的保险。

D. 退休时，个人的公积金储蓄能够提供与他最后获得的薪水相当的资金。

E. 如果客户认为人寿保险保单不适合自己，在收到合同的 14 天内，他可以要求退回保费（扣除保险公司支付的医疗和其他费用）。

F. 所有保险单上的红利都是有保障的。

G. 当个人参保定期人寿保险时，在参保合同期内不会获得任何保险金。

3. 投资

（1a）你有投资吗？

A. 没有

B. 有

（1b）你有什么形式的投资？（可多选）（第 1a 题选择 B 答案请作答此题，选择其他答案请忽略）

A. 有投资股票或债券

B. 有投资单位信托

C. 有投资房产（不包括目前居住的房产）

D. 有结构性存款

（2a）你没有投资的原因是什么？（第 1a 题选择 A 答案请作答此题，选择其他请忽略）

A. 没有钱投资

B. 没兴趣

C. 投资风险太大

D. 我对投资不太了解

E. 没时间管理投资

（2b）你投资的原因是什么？（第 1a 题选择 B 答案请作答此题）

A. 赚取比储蓄更高的利息

B. 投资是退休计划的一部分

C. 由于亲属或朋友的推荐

D. 由于金融顾问的推荐

（3）你投资资金的来源是什么？（第 1a 题选择 A 答案可忽略第 3~5 题）

A. 现金储蓄

B. 公积金储蓄

（4）你投资时考虑的主要因素是什么？

A. 从投资中获得的潜在回报

B. 投资的风险

C. 投资的金额

D. 投资的周期

E. 投资是否满足我的目标

F. 必须支付的费用

G. 经济气候

（5a）你会监测投资的业绩吗？

A. 我会监测

B. 从不监测

（5b）你如何监测投资的业绩？（第 5a 题选择 A 答案请作答此题）

A. 阅读月度报表

B. 根据目标价格监控投资价格

C. 阅读财经新闻

D. 依靠金融顾问、股票经纪人、银行柜员

E. 确保不同风险的分散投资

（6）知识测验（判断对错）：

A. 高回报的投资一般风险较低。

B. 多样化的投资组合是将风险分散到不同的投资或行业中。

C. 如果在结构性存款到期之前，投资者取回，他将拿回全部的存款。

D. 当投资者卖出单位信托时，他得到的资金数额将会受到应付费用或收费数额的影响。

E. 在购买新的单位信托 7 日内，投资者可以改变主意。

4. 态度

请从下列选项中选择出你同意的选项：

（1）A. 专业顾问给出的建议更可信，因为他们是专家

B. 亲属和朋友给出的建议更值得信赖，因为他们更了解我的需要

（2）A. 应该先储蓄，然后再消费余款

B. 应该在支付所有的花销之后再存款

（3）A. 只要能还得起，买东西时可以使用无抵押贷款

B. 不会使用无抵押贷款，因为必须要支付利息

（4）A. 财务计划只是富人才需要

B. 财务计划关系着每个人

（5）A. 参加常见的保险很重要，比如火险、机动车险、旅行保险，因为它们能够在发生意外时保护我的财产

B. 不相信常见的保险，比如火险、机动车险、旅行保险，因为意外事件发生的概率很低

（6）A. 投资是长期储蓄的一种形式

B. 投资是迅速致富的一种方式

（7）A. 投资全凭运气

B. 投资需要研究和熟知投资产品

问卷结束

三、比较一下

2005年新加坡财经素养调查共有2023人参加，以下是新加坡2005年财经素养测量结果的情况。如果有兴趣，你可以答一答，了解一下自己对财经素养的相关知识了解多少？在处理财务问题时会采取什么样的态度与行动？等等。然后比较一下，如果你在新加坡，你会是哪个群体？

说明：

1. 答案所示是指选择该选项人数占总人数的百分比，如参与者的年龄“18~19岁——4%”，表示在2023名参与者中约80人的年龄在18~19岁，占总调查人数的4%。

2. N指答题的人数，虽然共有2023人参与了调查，但并非所有题目都作答，所以在题目后的“N=×××”表示答题的人数，题目后面没有“N=×××”表示答题的人数是2023人。

3. 部分题目中包含有对某个群体的答题情况的分析，比如“工作单身36%”，表示已经参加工作但处于单身状态的人，有36%选择了这个答案，“学生28%”表示学生中的28%选择了这个答案，以脚注的形式体现。

更多内容比较请参考：*2005 MoneySENSE National Financial Literacy Survey*。

（一）基本信息

1. 参与者的年龄

A. 18~19 岁——4%

B. 20~24 岁——10%

C. 25~29 岁——12%

D. 30~34 岁——13%

E. 35~39 岁——14%

F. 40~44 岁——15%

G. 45~49 岁——13%

H. 50~54 岁——11%

I. 55~60 岁——8%

2. 参与者的性别

A. 男——50%

B. 女——50%

3. 参与者的婚姻状况

A. 单身——32%

B. 已婚无孩——8%

C. 已婚有孩——58%

D. 离婚、分居或丧偶——2%

4. 参与者的职业

A. 专业人士、经理人、商人——30%

B. 蓝领工人——21%

C. 白领——10%

D. 学生、退休人员、失业者等——39%

5. 参与者的受教育程度

A. 中等教育——36%

B. 高等教育——35%

C. 小学教育或没有接受正规教育——19%

D. A 级教育——8%

E. ITE 毕业——2%

6. 参与者个人月收入

A. 无收入——37%

B. 1000~1999 元——19%

C. 2000~2999 元——16%

D. 3000 元及以上——28%

7. 参与者的家庭月收入

A. 1000 元及以下——7%

B. 1000~1999 元——19%

C. 2000~2999 元——18%

D. 3000 元及以上——56%

（二）测试内容

1. 基础资金管理

（1）下列什么情况会使你决定购买金融产品？

A. 当亲属或朋友推荐某金融产品时——40%

B. 比较了相似金融产品的特征——25%①

C. 当金融顾问推荐某种金融产品时——20%②

D. 当金融产品促销时——4%

E. 无可奉告——10%

F. 其他——1%

（2）你是如何储蓄的？

A．先满足花销，剩余部分用于储蓄——50%③

B. 每个月从工资中保留固定数额用于储蓄，剩余部分用于花销——36%④

C. 不储蓄——14%⑤

（3）你认为理想状态下，应该有多少现金储蓄能够应对

---

① 其中：工作单身36%，工作已婚31%，家庭主妇19%，退休人员17%，低收入者 9%。

② 其中：工作已婚 31%。

③ 其中：失业者 38%，退休人员 42%，低收入者 38%。

④ 其中：工作单身48%，工作已婚50%，学生28%，失业者27%，退休人员28%，低收入者 20%。

⑤ 其中：失业者35%，退休人员29%，工作单身5%，工作已婚3%，工作父母 8%，低收入者 41%。

紧急情况下的需求？（N=1738）

A. 不到月收入的一倍——11%

B. 月收入的 1~2 倍——21%

C. 月收入的 3~6 倍——28%

D. 月收入的 7 倍或更多——28%

E. 不知道我有多少现金储蓄——12%

（4）现实情况是你现在有多少现金储蓄能够应对紧急情况？（N=1285）

A. 不到我月收入的一倍——28%

B. 月收入的 1~2 倍——27%[①]

C. 月收入的 3~6 倍——22%[②]

D. 月收入的 7 倍或更多——10%[③]

E. 不知道我有多少现金储蓄——13%[④]

（5）上一次购买耐用品，你是采用什么方式支付的？

A. 用存款支付的现金（如果没有足够的现金，我就不买）——75%[⑤]

---

① 其中：工作已婚 49%，退休人员 48%，低收入者 69%。

② 其中：工作已婚 30%，失业者 6%，退休人员 15%，低收入者 8%。

③ 其中：退休人员 18%，失业者 5%，低收入者 2%。

④ 其中：失业者 37%，低收入者 22%。

⑤ 其中：学生 83%，工作已婚 63%，工作父母 68%，低收入者 81%。

B. 用信用卡（信用额度）支付的——16%[①]

C. 用分期付款支付的——6%

D. 其他——3%

（6a）你如何监控自己的花销？

A. 一般不追究花了多少钱——39%[②]

B. 消费之后会查询储蓄账户中剩下多少钱——31%[③]

C. 会记录下每笔消费（账单）——30%[④]

（6b）你不会监控自己花销的原因是什么？（N=790）

A. 一直以来花费的钱都低于收入，不需要监控花销——68%

B. 没时间——20%

C. 对这些事不感兴趣——19%

D. 不知道怎么做——6%

（7a）你有借款或贷款吗？

A. 有——51%

B. 没有——49%

---

① 其中：工作已婚31%，工作父母24%，学生2%，家庭主妇11%，失业者10%，低收入者 3%。

② 其中：学生45%，即将退休人员45%，失业者54%，退休人员55%，低收入者 54%，工作单身 33%，工作已婚 24%，工作父母 31%。

③ 其中：失业者 22%，退休人员 24%，低收入者 22%。

④ 其中：工作已婚47%，学生24%，失业者24%，退休人员 19%，低收入者25%。

（7b）你有什么类型的贷款或借款？

A. 房贷——45%

B. 车贷——16%

C. 信用卡透支——5%

D. 装修贷款——2%

E. 其他有信用卡或信用额度——40%[①]

（8）以下关于贷款的知识你了解哪些？选出你知道的。（N=1037）

A. 每个月要偿还分期付款多少钱——89%

B. 贷款偿还的期限——87%

C. 还未还清的贷款余款数额——81%

D. 贷款利率——78%

E. 借款银行——76%

F. 再次贷款或偿清贷款时适用的条款和处罚——51%

（9）当你决定贷款时你会怎么做？（N=1037）

A. 在申请贷款之前，会计算出能借得起多少钱——84%[②]

B. 这很容易决定，因为知道自己有稳定的收入或足够的

---

① 其中：工作已婚66%，工作父母61%，学生4%，家庭主妇26%，失业者24%，退休人员 33%，低收入者 10%。

② 其中：失业者 90%，学生 50%，工作单身 78%。

储蓄偿还贷款——8%

C. 先申请贷款，然后计算出应该留下多少钱还贷——6%[①]

D. 其他——2%

（10a）你会使用无抵押贷款吗？

A. 不使用无抵押贷款——87%

B. 银行（信用卡）透支——13%[②]

（10b）你使用无抵押贷款的目的是什么？（N=264）

A. 购买特殊的商品或服务——62%

B. 紧急情况下的支出——37%

C. 偿还其他账单、贷款或信用卡——34%

（10c）你怎么偿还无抵押贷款？（N=264）

A. 一次性全部偿还——71%

B. 偿还最低额度或一部分——28%[③]

C. 其他——1%

（11）你知道不按期偿还无抵押贷款的后果吗？（N=264）

A. 不得不支付延期的利息或者其他复杂的处罚——87%

---

① 其中：学生 40%，低收入者 13%。

② 其中：工作已婚24%，工作父母20%，即将退休人员18%，学生1%，家庭主妇5%，低收入者 1%。

③ 其中：工作单身34%，工作父母35%，失业者40%，工作已婚22%，即将退休人员 21%，退休人员 11%。

B. 必须接受定额处罚金——53%

C. 可能会被银行记录在案，将来贷款会很困难——47%

D. 如果银行对我采取合法行动，我可能会破产——44%

E. 没什么后果或者我不知道——8%[①]

（12）知识测验（判断对错）：

A. 如果某人没有迅速地还清债务（比如信用卡或贷款），他未来将很难申请贷款。——正确——91%[②]

B. 担保贷款赋予银行对质押资产的权利，如果借款人无法偿还贷款，银行可以出售质押资产。——正确——86%[③]

C. 通常情况下，贷款偿还总额应该少于实得工资的50%。——正确——76%[④]

D. 授权无抵押贷款的银行（如信用卡）不能直接获得借款人的资产，因此这类贷款的利益会更高一些。——正确——64%[⑤]

E. 如果个人偿还贷款的最低偿还额度，他将不必支付任

---

① 其中：失业者 23%，工作已婚 3%，低收入者 56%。

② 其中：工作单身 96%，退休人员 84%，低收入者 84%。

③ 其中：工作已婚 93%，退休人员 79%。

④ 其中：工作已婚93%，家庭主妇66%，失业者63%，退休人员64%，低收入者 59%。

⑤ 其中：工作单身70%，工作父母72%，即将退休人员70%，学生57%，家庭主妇 57%，失业者 54%，退休人员 50%，低收入者 48%。

何利息。——错误——63%[①]

2. 财务计划

（1）你认为理想情况下，应该从什么时候开始制定财务计划？

A. 上学的时候——17%

B. 开始工作的时候——54%

C. 工作几年之后——13%

D. 结婚的时候——7%

E. 第一个孩子出生的时候——2%

F. 退休之前——1%

G. 退休之后——0.2%

H. 当遭遇了一次意外事件需要一大笔钱的时候——0.1%

I. 有余钱的时候——3%

J. 还没开始计划或不需要财务计划——1%

（2）在现实情况中你从什么时候开始制定财务计划？

A. 上学的时候——9%

B. 开始工作的时候——32%

C. 工作几年之后——14%

D. 结婚的时候——13%

---

① 其中：工作单身68%，工作已婚77%，工作父母72%，学生55%，家庭主妇56%，退休人员48%，低收入者41%。

E. 第一个孩子出生的时候——8%

F. 退休之前——2%

G. 退休之后——0.2%

H. 当遭遇了一次意外事件需要一大笔钱的时候——1%

I. 有余钱的时候——3%

J. 还没开始计划或不需要财务计划——17%①

（3a）你制定财务计划的原因是什么？

A. 要准备不时之需——67%

B. 要养家——63%

C. 不想被债务缠身——58%

D. 要保证投资的高回报——28%

E. 接受了理财顾问、银行经理、保险公司职员的建议——8%

（3b）你不制定财务计划的原因是什么？（N=336）

A. 没有足够的钱——62%

B. 现在还太早——25%

C. 太多的不确定性，没必要计划——8%

D. 不知道从什么时候开始计划——8%

E. 没时间、太忙——3%

---

① 其中：学生55%，失业者31%，退休人员22%，工作已婚6%，工作父母6%，低收入者36%。

F. 公积金和存款足够多——3%

G. 由家人处理——2%

H. 保险足够多——1%

（4a）你是否寻求过专业顾问的建议？

A. 寻求过专业顾问的建议——28%①

B. 没有寻求过专业顾问的建议——72%

（4b）你寻求专业顾问建议的原因是什么？（N=566）

A. 专业顾问是亲属或朋友——48%

B. 自身需要专业人士的帮助——33%

C. 顾问主动找我——17%

D. 被广告吸引——2%

（4c）你没有寻求专业顾问建议的原因是什么？（N=1457）

A. 能自己决定——50%

B. 没有足够的钱——38%

C. 暴露财务状况令人很不舒服——12%

D. 不知道有比较好的顾问——8%

E. 没时间寻找好的顾问——6%

F. 花费高或认为只适用于有钱人——5%

G. 顾问不了解需求，爱推销——5%

① 其中：工作单身40%，工作已婚44%，工作父母33%，学生10%，家庭主妇20%，失业者18%，退休人员22%，低收入者13%。

（5a）你有购买保险吗？

A. 有——65%

B. 没有——20%

C. 不清楚——15%

（5b）你购买了什么类型的保险？

A. 医疗保险——52%

B. 家庭或车辆保险——35%

C. 不清楚或其他——13%

（6）以下关于人寿保险的知识，哪些是你了解的？（N=1322）

A. 出售保险产品的保险公司的情况——97%

B. 每月、每年要支付多少保费，要付多长时间——89%

C. 保单上涵盖了的内容：有权获得多少索赔金额——88%

D. 什么情况在或不在保单覆盖范围内——74%

E. 是否有分红，分红是否有保障——73%

F. 如果负担不起保费或者暂时停止支付保费会发生什么事情——68%

G. 如果中止保险必须要支付一些罚款或费用——57%

（7）请选择三项你所知道的退休基金的来源。

A. 个人储蓄——80%[①]

B. 公积金储蓄——74%[②]

C. 保险——42%

D. 退休之后继续工作——27%[③]

E. 家庭或孩子提供资金支持——20%[④]

F. 投资——18%

G. 换个小房子置换出现金——13%

（8）你是否计算过你退休之后需要多少钱生活？（N=1468）

A. 计算过——24%[⑤]

B. 没有计算过——76%

（9）你认为退休之后需要多少钱？（N=354）

A. 退休之前所得收入的一半——35%

B. 退休之前所得收入的三分之一——21%

---

① 其中：学生87%，工作单身90%，工作已婚88%，即将退休人员71%，失业者69%，退休人员69%，低收入者60%。

② 其中：学生80%，工作单身83%，工作已婚82%，工作父母82%，家庭主妇55%，退休人员61%，低收入者69%。

③ 其中：即将退休人员39%，失业者33%，退休人员38%，学生16%，家庭主妇17%，低收入者41%。

④ 其中：家庭主妇44%，退休人员39%，工作单身9%，工作已婚6%，工作父母11%，即将退休人员14%。

⑤ 其中：工作已婚34%，退休人员34%，工作单身19%，失业者16%，低收入者16%。

C. 退休之前所得收入的三分之二——17%

D. 退休之前所得收入的四分之一——14%

E. 退休之前所得收入的四分之三——13%[①]

（10）你知道当你55岁的时候能够得到多少公积金吗？（N=1468）

A. 知道——28%[②]

B. 不知道——72%

（11）退休之后你将怎么支配公积金？（N=1468）

A. 将剩余部分存起来——44%

B. 还没计划——31%[③]

C. 投资——20%

D. 旅行——19%

E. 给孩子花——16%

F. 还房贷——11%

G. 开始做生意——5%

H. 买年金或买保险——1%

（12）到现在为止，你怎么使用你的公积金的？（N=1833）

---

① 选择超过三分之二的有30%，工作单身41%，工作父母38%，失业者38%，工作已婚23%，即将退休16%。

② 其中：即将退休人员42%，退休人员70%，工作单身13%，工作父母21%，低收入者37%。

③ 其中：工作单身38%，工作已婚29%，工作父母28%，即将退休人员30%，失业者34%，退休人员14%。

A. 买房或买房分期付款——61%

B. 大病保险的保费——38%

C. 投资——22%

D. 住院费或门诊费——21%

E. 保险金——16%

F. 教育——4%

G. 留着退休之后用——3%①

（13）知识测验（判断对错）：

A. 金融顾问必须说明他所推荐的投资产品为什么适合客户购买。——正确——92%②

B. 如果个人在购买保险时不透露自己现在的健康状况，他可能不能参保。——正确——81%③

C. 财务计划只是关于购买足够的保险。——错误——68%④

D. 退休时，个人的公积金储蓄能够提供与他最后获得的

① 共有18%的人以前从没有使用过公积金，其中：学生44%，工作单身34%，失业者28%，工作已婚4%，工作父母6%，即将退休8%，退休人员13%。

② 其中：工作已婚97%，退休人员78%，低收入者78%。

③ 其中：工作父母87%，学生74%，失业者72%，低收入者74%。

④ 其中：学生75%，工作单身75%，工作已婚81%，工作父母73%，家庭主妇61%，退休人员54%，低收入者51%。

薪水相当的资金。——错误。——58%[①]

E. 如果客户认为人寿保险保单不适合自己，在收到合同的 14 天内，他可以要求退回保费（扣除保险公司支付的医疗和其他费用）。——正确——52%[②]

F. 所有保险单上的红利都是有保障的。——错误——42%[③]

G. 当个人参保定期人寿保险时，在参保合同期内不会获得任何保险金。——正确——30%[④]

3. 投资

（1a）你有投资吗?

A. 没有——67%

B. 有——33%[⑤]

（1b）你有什么形式的投资?

A. 有投资股票或债券——21%

---

① 其中：工作已婚71%，即将退休人员66%，学生49%，家庭主妇49%，失业者 49%，低收入者 41%。

② 其中：工作已婚60%，工作父母61%，学生44%，家庭主妇45%，失业者44%，退休人员 46%，低收入者 44%。

③ 其中：工作单身52%，工作已婚55%，工作父母54%，学生34%，家庭主妇 30%，失业者 33%，退休人员 35%，低收入者 25%。

④ 其中：工作父母36%，学生22%，失业者24%，退休人员25%，低收入者22%。

⑤ 其中：工作已婚47%，工作父母48%，即将退休人员41%，学生4%，家庭主妇 19%，失业者 25%，低收入者 12%。

B. 有投资单位信托——19%

C. 有投资房产（不包括目前居住的房产）——4%

D. 有结构性存款——4%

（2a）你没有投资的原因是什么？（N=1360）

A. 没有钱投资——60%

B. 没兴趣——27%

C. 投资风险太大——23%

D. 我对投资不太了解——21%

E. 没时间管理投资——8%

（2b）你投资的原因是什么？（ N=662）

A. 赚取比储蓄更高的利息——69%

B. 投资是退休计划的一部分——21%

C. 由于亲属或朋友的推荐——6%

D. 由于金融顾问的推荐——4%

（3）你投资资金的来源是什么？（N=662）

A. 现金储蓄——55%

B. 公积金储蓄——45%

（4）你投资时考虑的主要因素是什么？（N=662）

A. 从投资中获得的潜在回报——87%

B. 投资的风险——73%

C. 投资的金额——62%

D. 投资的周期——53%

E. 投资是否满足我的目标——44%

F. 必须支付的费用——40%

G. 经济气候——36%

（5a）你会监测投资的业绩吗？（N=662）

A. 会监测——61%

B. 从不监测——39%

（5b）你如何监测投资的业绩？（N=402）

A. 阅读月度报表——57%

B. 根据目标价格监控投资价格——46%

C. 阅读财经新闻——44%

D. 依靠金融顾问、股票经纪人、银行柜员——23%

E. 确保不同风险的分散投资——21%

（6）知识测验（判断对错）：

A. 高回报的投资一般风险较低。——错误——75%①

B. 多样化的投资组合是将风险分散到不同的投资或行业中。——正确——66%②

C. 如果在结构性存款到期之前，投资者取回，他将拿回

① 其中：工作单身81%，工作已结婚81%，工作父母80%，家庭主妇63%，退休人员 69%。

② 其中：工作单身77%，工作已婚74%，家庭主妇56%，退休人员55%，低收入者 46%。

全部的存款。——错误——57%[①]

D. 当投资者卖出单位信托时，他得到的资金数额将会受到应付费用或收费数额的影响。——正确——56%[②]

E. 在购买新的单位信托 7 日内，投资者可以改变主意。——正确——34%[③]

4. 态度

请从下列选项中选择出你同意的选项：

（1）A. 专业顾问给出的建议更可信，因为他们是专家——68%[④]

B. 亲属和朋友给出的建议更值得信赖，因为他们更了解我的需要——32%[⑤]

（2）A. 应该先储蓄，然后再消费余款——60%[⑥]

B. 应该在支付所有的花销之后再存款——40%[⑦]

（3）A. 只要能还得起，买东西时可以使用无抵押贷款——

---

① 其中：工作已婚72%，工作父母64%，家庭主妇52%，退休人员44%，低收入者 43%。

② 其中：即将退休人员63%，失业者68%，家庭主妇51%，退休人员47%。

③ 其中：低收入者 26%。

④ 其中：学生 74%，家庭主妇 62%，退休人员 60%，低收入者 57%。

⑤ 其中：家庭主妇 38%，退休人员 40%，学生 26%，低收入者 43%。

⑥ 其中：低收入者 50%。

⑦ 其中：低收入者 50%。

27%[①]

B. 不会使用无抵押贷款，因为必须要支付利息——73%[②]

（4）A. 财务计划只是富人才需要——13%[③]

B. 财务计划关系着每个人——87%[④]

（5）A. 参加常见的保险很重要，比如火险、机动车险、旅行保险，因为它们能够在发生意外时保护我的财产——87%[⑤]

B. 不相信常见的保险，比如火险、机动车险、旅行保险，因为意外事件发生的概率很低——13%[⑥]

（6）A. 投资是长期储蓄的一种形式——88%[⑦]

B. 投资是迅速致富的一种方式——12%[⑧]

（7）A. 投资全凭运气——19%[⑨]

B. 投资需要研究和熟知投资产品——81%[⑩]

---

① 其中：工作单身34%，工作已婚38%，学生21%，家庭主妇19%，退休人员 18%，低收入者 14%。

② 其中：学生80%，家庭主妇81%，退休人员82%，工作单身66%，工作已婚 62%，低收入者 86%。

③ 其中：失业者 24%，退休人员 21%，学生 7%，低收入者 24%。

④ 其中：学生 93%，失业者 76%，退休人员 79%，低收入者 76%。

⑤ 其中：低收入者 81%。

⑥ 其中：低收入者 19%。

⑦ 其中：失业者 79%。

⑧ 其中：失业者 21%。

⑨ 其中：失业者30%，退休人员26%，学生9%，工作已婚11%，低收入者29%。

⑩ 其中：学生91%，工作已婚89%，失业者70%，退休人员74%，低收入者71%。

附录一

新加坡财经素养通识教育课程

新加坡理财通识学院采用多种形式，向新加坡国民传授财经素养知识，比如通过网络开展在线课堂，在网络上提供免费的语音、视频资料供新加坡国民学习，在图书馆通过面对面的研讨会、座谈会传授财经素养知识，甚至到工人的工作场所开展财经素养教育。

理财通识学院的目标是通过财经教育提高个人的财经素养水平，引导个人有更好的财经行为、提高财经状况。个人的财经素养水平、财经行动和财经状况共同构成了个人的"财经健康"（financial wellness），个人的价值观、期望和外部影响因素也是其组成部分（见图 1）。良好的财经教育不是偶尔的教育活动，而是长期的、系统的传授财经知识和技能的活动，理财通识学院就通过研讨会、座谈会等教育活动，向新加坡国民提供系统化的教育活动，从而达到提高国民财经素养水平，最终提高国民的财经健康程度。

图 1　财经健康的构成

新加坡理财通识学院研讨会的时长约为 2~3 个小时，座谈会时长约为 1~1.5 个小时，内容非常丰富，公众可以根据自己的需要进行选择。研讨会和座谈会的主题有资金管理和财务计划、信用和债务管理、保险计划、退休和资产计划、投资、消费者保护、家庭和青年人等，表 1 是 2017 年 9 月新加坡理财通识学院向公众发布的研讨会的主题和内容，表 2 是座谈会的主题和内容。从研讨会和座谈会的内容中不难发现，他们的主题是一致的，都是围绕新加坡核心财经能力框架展开的教育内容，两者有相似点但也确有不同，研讨会更注重财经知识的传授，而座谈会更重视技能与技巧的传授和培养。

表 1　　理财通识学院研讨会主题及内容

资金管理和财务计划	
对金钱的认识	学习如何拟定财务目标并计算目标所需费用；学习如何通过制定预算管理花费和储蓄；了解复利如何影响个人储蓄增长
理财趁现在	制定满足财务需要和目标的计划；使用金融计算器和比率评价自己的财经状况；管理个人资源、实施财务计划达到财经目标
个体经营者的财务计划	了解个体经营者的财务挑战，学习如何管理个人的花费和现金周转；知晓公积金对个体经营者的益处，知道建立公积金账户对满足个人健康和退休需要的重要性
基础资金管理	（该研讨会适用于低收入工人）学习如何跟踪自己的消费，学习如何仔细地花钱；学习储蓄的重要性，学习如何预算；了解基本的公积金计划
信用与债务管理	
了解债务和信用	评估自己是否借款太多；了解常见的贷款类型和相关成本；学习管理自己的借款，学习解决债务问题；了解新的信用卡和无担保贷款的措施对你的影响
保险计划	
了解人寿保险	学习如何评估自己的人寿保险需要；了解各种人寿保险的好处、局限性和费用；了解“直接购买保险”；根据自己的财务目标选择人寿保险
了解基本的医疗保险	学习各种类型的医疗保险及其常见条款；了解公积金计划涵盖的保险内容，包括大病医疗保险和养老险
退休和资产计划	
规划退休	学习如何评估自己的退休需要，计算退休收入与需要之间的差距；了解能够帮助你达到退休目标的办法
管理公积金资金为退休做准备	了解公积金账户的宗旨，了解个人 55 岁时账户的变化；了解个人退休金选择；了解公积金人生（CPF LIFE）是什么，它是如何运作的，个人计划应该考虑什么

续表

退休和资产计划	
丰富你的黄金岁月	学习如何制定退休之后的财务，以保证个人的生活方式具有可持续性和有意义；了解医疗保险在管理医疗成本方面的重要性
资产计划简介	了解根据个人意愿分散资产的目的、重要性、关键因素和方式；了解遗嘱、信托、持久授权书
投资	
个人投资简介	学习基本的投资概念和投资时需要考虑的关键要素；了解常见金融产品的特征和风险；了解定期投资，投资多样化帮助管理风险损失
了解债券	了解不同类型的债券，了解债券投资的益处和风险；了解债券价格、利率和收益率之间的关系；了解新加坡储蓄债券
股票投资基础	了解公司报表中提供的股票投资和财务信息策略；学习使用分析工具和财务比率评估股票的内在价值
了解不动产信托投资基金	了解不动产信托投资基金和投资不动产信托投资基金的好处与风险；了解投资不动产信托投资基金时应考虑的因素，什么影响该基金的绩效
了解交易所交易基金	了解什么是交易所交易基金及其类型；学习交易所交易基金如何构成个人投资组合的一部分，如何以较低的成本提供多样化的收益
财务习惯和行为	了解为何人类在思考和决策时采取心理捷径，它如何影响个人财务计划；学习如何减轻心理捷径的影响，人类的思维如何阻碍或帮助投资决策和资金管理
消费者保护	
太便宜了，不是真的吧？	学习识别不同类型的无管制投资计划和可能的骗局，避免成为受害者；了解不公平交易行为和消费者保护（公平交易）法保护下的个人权利

续表

家庭和青年人	
用自己的方式购买房屋	评估个人能支付多少钱购买房屋；在购买房屋之前，了解需要预算的前期费用和经常性付费
建立家庭	学习夫妻如何计划财务，如何为第一所房屋进行预算，为孩子所需费用进行预算以及了解政府可提供的补贴
青年人资金管理	学习有用的资金管理技巧和概念，以及重要的政府计划；学习如何利用基本银行产品达到财务目标
让孩子了解金钱	孩子们现在花钱越来越多，但是对金钱的了解却越来越少，作为父母，主要的影响者和教育者要学习简单的、实用的、适合年龄的策略，帮助孩子开始财经教育
更多主题	
有特殊需要家庭的财务计划	这是一个系列讲座，有三部分：一是为所爱的人提前计划——学习财务计划、设立财务目标，评估需要多少钱，学习如何管理自己的资源；二是照顾自己和所爱的人——学习制定退休计划、公积金和公积金人生计划的步骤，了解退休收入的其他来源；三是当不在身边时，为所爱的人提前计划——了解资产计划的重要性和资产计划过程
转型员工的财务计划	学习财务计划，学习如何审核目前的财务状况；学习如何通过审核花销和制定预算来管理财务；学习如何避免和减少债务；这个模块适用于正经历裁员或已经被裁员的员工
社会工作者研讨会	本次研讨会帮助社会工作者学习由理财通识学院开发的财经知识、工具和资源，帮助顾客战胜财务挑战

资料来源：https：//finlit.sp.edu.sg/programmes/#moneyman agement。

表 2　　理财通识学院座谈会主题及内容

资金管理和财务计划	
预算	本次座谈会的目标是是个人能够拟定财务目标，计算出达到目标所需费用；通过记录花费制定预算，学习如何削减开支
精打细算	本次座谈会的目的是帮助个人了解个人支出模式，如何通过支出计划定期储蓄；了解复利效应如何影响个人储蓄和支出
测量财务状况	本次座谈会的目的是帮助个人学习财务计划的过程；学习如何评估个人财务状况，通过使用财务报表和比率发现个人的财务健康状况
实施你的财务计划	本次座谈会的目的是复习财务计划，即储蓄、保险、投资，以及如何帮助实现个人的财务目标；学习如何管理个人的资源并执行财务计划达到财务目标
信用和债务管理	
了解信用和债务	本次座谈会的目标是使个人能够发现自己是否借款过多，了解不同类型贷款和成本；能够评估自己是否借款过多，学习如何解决债务问题
保险计划	
评估你的保险需要	学习如何使用计算器评估自己需要多少保险，选择适当的保险产品及替代产品时应考虑的问题，以保证自己财务目标的满足；学习如何使用网络聚合器等工具比较与选择保险产品
医疗保险的类型	本次座谈会的目的是帮助个人理解不同类型的医疗保险，了解医疗保险合同的常见条款
公积金保险计划	本次座谈会的目的是帮助个人了解在公积金保险计划项目下的各种类型的保险，包括大病医疗保险，了解保险如何保护个人及家庭；学习如何索赔，如何选择合适的病房以使住院计划利益最大化
人寿保险的类型	本次座谈会的目的是帮助个人了解不同类型的人寿保险，期限、终身、捐赠和投资相关的产品；了解这些产品的特征、收益和成本，以及如何使用来满足各种财务目标

续表

退休和资产计划	
评估退休收入需要	本次座谈会的目标是使个人学习如何评估自己退休需求，计算退休收入与需求之间的差距
增加退休收入的办法	本次座谈会帮助个人学习有助于达到退休目标的办法
管理公积金资金为退休做准备	了解公积金账户的宗旨，了解个人55岁时账户的变化；了解个人退休金选择；了解公积金人生（CPF LIFE）是什么，它是如何运作的，个人计划应该考虑什么
资产计划的重要性	座谈会的目标是帮助个人了解资产计划的重要性
资产计划的步骤	座谈会的目标是向个人展示资产计划的基本步骤和转移资产的不同方式
投资	
投资时需要考虑的事项	本次座谈会的目的是帮助个人了解基础的投资概念和投资时考虑的关键问题；学习如何评估个人的风险偏好和各种投资策略
主要的金融产品	本次座谈会的目的是帮助个人了解一些主要金融工具的特征和风险；学习投资策略，学习根据个人的财务需求和风险偏好建构投资组合
了解债券	学习不同类型的债券、债券投资的收益和风险；了解债券价格、利息和收益率的关系
新加坡储蓄债券	本次座谈会介绍新加坡储蓄债券，这是一种适用于个人的特殊类型的新加坡政府证券，是其他储蓄和投资的补充，是一种安全的长期储蓄方式
消费者保护	
当心诈骗	本次座谈会的目的是帮助个人了解各种类型的诈骗，学习如何避免被骗；本次座谈会也涉及各种无管制投资计划和投资这种计划的风险

续表

消费者保护	
当交易变得糟糕时	本次座谈会将涉及消费者保护（公平交易）法保护下的常见的不公平交易，消费者追索的方式和新加坡消费者协会的作用；也涉及出租、出售和购买财产，以及房地产代理委员会的作用
家庭和青年人	
购买第一个组屋	本次座谈会的目的是帮助个人为购买第一个组屋做预算，基本一次性及经常性费用的考虑；根据个人的财务状况和公积金房屋拨款，使用在线计算器缩小个人房产可能的价格范围；学习管理个人家庭贷款偿还，以减少支付的利息
婴儿和儿童支持计划	本次座谈会的目的是帮助个人制定夫妻的家庭财务计划，重点是政府拨款、资助和税收优惠，以帮助支付在新加坡生育孩子的费用

资料来源：https：//finlit.sp.edu.sg/programmes/#moneymana gement。

附录二

新加坡小学财经教育课程范例

新加坡立伟小学[①]（Rivervale primary）是先行探索财经素养课程的少数学校之一，在2014年新加坡政府实行全面的学校财经素养教育之前，立伟小学已经编写了自己的财经素养课程指导，在各个年级的课程中加入了财经素养课程，小学一年级的第一课是“货币的起源”，下表是课程内容的教学设计。

表1　《货币的起源》教学设计

教学时长：60分钟（2课时）

序号	课程内容	额外的信息
1	课前必备知识： 学生有能力辨别“美元”和“美分”，并清楚认识到美元价值比美分高。	解释“金钱”： 教师告知学生，数钱和数数其实是相同的，只不过钱的数额前面或后面多了一个货币符号。

① 新加坡立伟小学网址：https：//rivervalepri.moe.edu.sg/。

续表

序号	课程内容	额外的信息
2	课程目标： 到学期末，学生将能： · 解释在新加坡历史上，货币是如何演化的。 · 说出新加坡唯一一个制造货币的地方。 · 区别不同新加坡币的面额（外观和价值）。	
3	收看视频： 教师给学生播放一段在经济领域易货与交易的视频（3 分钟）。	解释（播放视频后）： 工具：幻灯片。 这段视频会告诉你货币是如何产生的，我们在课上将学到更多关于货币在过去是怎么使用的，它在当代正发生什么改变，或将来会如何改变的知识。
4	活动 A（班级 / 个人）：货币的历史。 看完视频后，播放幻灯片来引出关于货币历史的讨论，在新加坡，货币是在哪里制造的，以及新加坡货币的历史。 注意：教师要求学生们注意幻灯片上出现的、他们不理解的文字，并做好记录。因为这些文字将会被纳入课后巩固作业之中，活动记录纸 A。 评估：活动记录 A。 工具：活动记录纸 A，答题纸 A，幻灯片。	时长：15~20 分钟。 一些在活动展示中能插入的问题： · 如果使用一头奶牛作为货币会产生哪些问题？ ——不易饲养、携带，交易小物品时不能公平交易（例如一条巧克力）。 · 用大米作为货币会产生哪些问题？ ——时间久了大米会变坏。 · 除了纸币和硬币，还能用什么来购买物品？ ——支票、信用卡。

续表

序号	课程内容	额外的信息
5	活动 B（小组）：新加坡硬币。 · 将班级分为 3~4 个小组。 · 给每个小组一张活动记录纸 B 和一个盒子。 · 每个小组检查所给的硬币，拓印并根据要求简单地在活动记录纸 B 上记下细节，每个学生至少要拓印一枚硬币。 · 在所有学生都完成后，教师和学生核对活动记录纸 B 的答案。 工具：盒子（盒子里包括真币 1 美元、50 美分、20 美分、10 美分、5 美分各一枚）、活动记录纸 B、答题纸 A、幻灯片。	时长：30~35 分钟。 （说明：8 分钟，活动：15 分钟，答案：8~12 分钟。）
6	巩固：回顾学过的术语和概念。 工具：幻灯片。	时长：5~10 分钟。
7	课后巩固练习：活动记录纸 A。	
8	教师反思： · 展示的幻灯片是否吸引学生？学生们是否积极听讲并记笔记？如果备课还不够充分，没有吸引学生。你能如何改进你的展示？ · 大多数学生知道怎样完成活动记录纸 A 吗？你怎么确认完成情况？ · 在活动中，小组里学生是否积极参加活动，如果学生态度不积极，你能想到什么方法来鼓励学生更加积极地参与。	自带答题纸 A 和教师评分标准（教师专用）。

资料来源：邱旻玮、徐星：《新加坡年轻人是财经教育下一步的重点》，《上海教育》2014 年第 2 期，第 44~45 页。

后 记

《新加坡财经素养教育》的编写工作从盛夏开始，至寒冬结束，说起来时间不短，可也不长。在编写过程中，编者开始接触新加坡财经素养教育，并且被深深吸引，编写过程从最初的工作任务，演变成一个自主学习财经素养知识的过程，编写工作欲罢不能，若非篇幅限制，恐怕这本书要厚很多。

从研究的角度来说，这本书的内容并无创新之处，但对于我国财经素养教育及研究领域来说，它的出现也是一个新开始。作为知识的搬运工，编者的初衷是希望将其他国家财经素养教育的经验引入我国，能够给研究者以启发，将其他国家的财经素养知识传播开来，使读者从中受益。

2019 年 3 月

SINGAPORE

新加坡
财经素养教育

ISBN 978-7-5095-8962-5

9 787509 589625 >

定价：35.00元